U0057445

情色

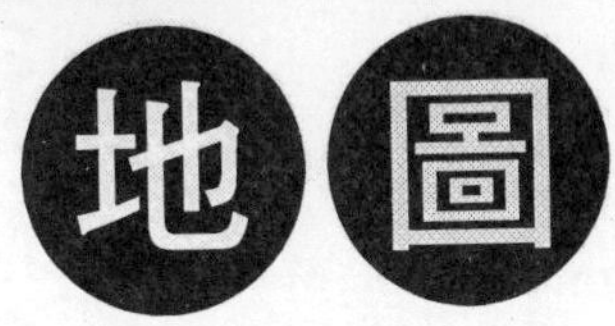

張錦弘／著

羅序
另類社會記者的另類期許

錦弘兄是很另類的社會新聞記者。

跑社會新聞，如果認真投入，是很辛苦的差事。沒日沒夜，呼叫器永遠在待命狀態，錦弘曾經在半夜即將入睡前，被挖起來衝向火場採訪，一身煙塵才回到家準備上床，又接到通知，趕往另一個火場。

社會記者出入警局如自家「灶腳」，天天和你我想像得到或想像不到的罪犯遭遇。錦弘有時會化身刑警，對剛帶進警局的嫌犯問話，他的獨家很多來自於此。

錦弘面對辛苦而複雜的工作環境，幾乎是每位敬業的社會記者共同的處境，不足爲奇，他之所以另類在於：

他的筆記型電腦裡儲有上百首現代詩，在人聲雜沓的警察局，他可以悠然隱入詩的國度，在和小偷與大盜對話後，潛進山重水複的桃花源。

他是我的學弟，政大新聞系畢業，然後拿到政大社會學研究所碩士，或許與所學相關，錦弘讀的書多而雜。社會學裡，自殺是重要的研究課題，他涉獵甚多；從人生的灰敗面一旋身，錦弘又跳進漫畫書堆，聽說從線條與圖形中，可以解讀人心的最深層。

有時候，我嫌他鴛鴦蝴蝶，經典的文學作品有興趣，但也讀浪漫的小說，對愛情因而有不懈的憧憬和追求。

錦弘愛看電影，而且是抱著研究精神的那種影迷。他曾經向警察建議，要多看外國的警匪、偵探片，才能提升破案率，因爲陳進興犯案的靈感都來自電影，

不看電影，如何知己知彼。

記者入行久了，難免疲乏，很多人除了新聞稿，會望筆（或電腦鍵盤）而生懼，再也提不起興致寫東西，進行文字的探索，錦弘則一直保持寫作的昂然興趣，還常常寫一些文如其人的感性文章。

錦弘和我同在新聞的烽火線上，他外勤，我內勤，有時候子夜忙完，兩人閒聊，常能感受到他勃勃的鬥志。他說，最喜歡當社會記者，交遊三教九流，直探人性幽微。我相信這是寫作的無盡寶藏，錦弘要成爲作家，出入大社會正是養分的來源。

有時候，他也有一絲絲疲累，新聞戰永無休止，報紙生命卻只有一天，今天的獨家頭條，明天已經在街頭隨風飛舞。

永恆是什麼？永恆有意義嗎？錦弘會問，很多新聞工作者也會問。

錦弘是不是要以寫書來回答他的疑惑呢？這是他的第一本書，書中所有情節都屬真實，絕無虛構，等於是他的工作手記。書或許要比報紙上的新聞「凝固性」強一些，但同樣距永恆太遠。

或許我們都該停止問這些傻問題，只要向人生的未知勇敢挺進。

聯合報採訪中心主任
羅國俊　謹序

自序

從文藝青年到社會人士

進入《聯合報》之前，我一直是別人眼中標準的文藝青年：不抽菸、不酗酒、不嚼檳榔，個性內向，不善應酬，討厭和陌生人說話，成天看藝術電影、聽古典音樂、讀文學小說，夢想有天可以寫出《紅樓夢》般偉大的世界名著，至少可以學村上春樹一樣盡情生活、周遊列國，然後寫出《挪威的森林》那樣感傷而暢銷的小說。

民國八十二年七月，結束政大社會研究所課程，論文來不及寫，我考進《聯

合報》，且壓根沒料到被派到社會組，專跑警政新聞，從此整天泡在分局、派出所，和跟我完全不搭調的警察爲伍。天啊，在這之前，我沒認識半個警察，也根本不想認識，如今卻和他們稱兄道弟。

從文藝青年被「降格」爲社會人士，周遭朋友都覺得不可思議，我也感到很鬱卒，曾問過當時的組長高源流爲何陷害我到社會組，他說因爲我看起來「身體健全、手腳靈活、能跑能跳」（這是選記者，還是選外勞？），他說的也沒錯，社會記者就是採訪中心內的外勞，是呼叫器的奴隸，不分白天黑夜，不管風吹雨打，只要有狀況就得出門採訪，常弄得精疲力竭才能喘口氣，漏了新聞照樣被長官責罵要求寫報告。

後來想想，我適合當社會記者的原因，應該是我喜歡聽故事、說故事、寫故事。跑了將近五年半的社會新聞，我經歷過的狀況、得到的成長，別人活一輩子都不能有，燒殺擄掠、姦詐偷搶的一般社會新聞幾乎已成爲我的生活的一部分，

但最令我印象深刻的，還是生離死別的社會悲劇及狗屁倒灶的社會萬象，特別牽涉到感情及色情的人事物，我最有興趣。

於是，從牛郎、雛妓到酒家女的心情故事，寫到師生戀、冥婚、殉情、捉姦等愛情悲劇，再從電話、網路及交友中心性騷擾的寂寞症候群，寫到千奇百怪的性變態，我逐漸開創出自己的採訪及寫作領域，這些題材正是本書的內容。

從沒想到第一次出書，內容竟是如此寫實、驚悚的社會報導，雖然和寫小說的夢想有點差距，但兩者都是在說故事，而且這次我說的故事比小說更離奇有趣，最重要的是，都是真實發生的故事，我只是加以剪裁整理，絕未虛構。

感謝《聯合報》社會組高源流、陳承中、陳永富前後三任社會組長的照顧及逼稿，他們是本書的最大催生者；《聯合報》市政中心主編鄧毓英、姚文鑫，以及《TVBS周刊》的楊荊蓀，也逼我寫了不少故事，還有我認識的所有警察（特別是中山分局），他們都是提供寫作題材的大功臣。

謹將本書獻給去世的母親及仍在辛苦工作的父親，我從小到大花他們的錢讀書、買書，如今總算自己也出了書，算是對雙親小小的回報。最後特別感謝淑華，她曾是我出書最大的精神支柱及動機，雖然現在才說感謝已遲了點。

目錄

寂寞症候群

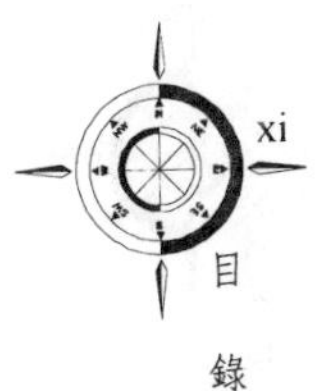

情愛悲劇大觀園

牛郎浮世繪

風塵女大掃描

性愛異形篇

地圖一

寂寞症候群

暗夜冥鈴

電話性騷擾

身材嬌小的雜誌社黃姓女編輯每到出刊前夕，總要熬夜編版，由於沒交通工具，又擔心遇到「計程車之狼」，凌晨下班後她常麻煩某位男同事順道開車送她回家。

某天凌晨，她搭該同事的車返家後，立刻接到一通陌生男子打來的電話，要她「猜猜我是誰」。她實在想不起對方的聲音，支吾老半天，對方改稱「再想想看，我是你的高中同學」。偏偏她讀的是女中，對方把戲立刻被拆穿，她氣呼呼地罵了幾句「無聊、神經病」，馬上掛電話。

對方從此三更半夜老是打電話來傾訴愛慕之意，黃女不堪其擾，房東更被半夜電話鈴聲「催魂」得神經衰弱，一度誤會是黃女「男友」的傑作。

要命的是，這個無聊男子後來還打電話到黃女的辦公室，變聲恐嚇常送她回家的那名男同事離她遠一點，否則「明年的情人節就見不到太陽」。黃女這時才驚覺不但被電話騷擾，且已遭跟蹤，最後只好搬家，不久也換了工作，總算才徹底脫離該男子的「魔音」。

一般人在無聊寂寞，特別是深夜的時候，總喜歡打電話找朋友吐苦水「倒垃圾」，倘若無人可訴，有人嗜好看電話簿隨機撥號找陌生女子尋開心。尤其在都會區，滿街都是寂寞的人，接過性騷擾電話的民眾（特別是女性）也就不計其數。

❖聽到電話發出猥褻聲，立刻掛斷以免後患無窮

最常見的性騷擾電話多半只發出猥褻聲，一接到最好立刻掛斷，或乾脆拿開話筒。任職某日商公司的劉小姐說，她大四時，每到下午二點，固定有個男的打電話到租處說些猥褻不堪的話，她掛斷，對方繼續打，迫於無奈，她後來每到下午這個時段不是外出，就拔掉電話線，但對方有意長期抗爭，改半夜打電話，她最後投降，換電話號碼才求得安寧。

有些騷擾電話完全不出聲。任職某基金會的游姓女子大學剛畢業時，家裡常接到不明人士打來的電話，每次一拿起話筒，對方硬是不出聲，卻又常常打來，她媽媽後來煩死了，每次接到電話，就拿出錄音機放佛經給對方聽，沒想到這一招奏效，對方最後自討沒趣，終於停止無聊的電話遊戲。

寂寞芳心也會打電話尋陌生男人開心

不只男人，女人寂寞起來也會「抓狂」亂打電話。一名已婚的台大博士班學生說，某天凌晨，他突然被電話鈴聲吵醒，迷迷糊糊接起話筒，傳來一個很騷很媚的女聲：「先生，我現在一個人在家看A片，好寂寞啊，你可不可以到我家陪我看呢？」準博士一聽嚇壞了，看看睡在旁邊的老婆，立刻告訴該女子「對不起，我沒空，妳找別人吧」，然後拿起話筒以防萬一。

假藉名義打電話騷擾，花樣百出

有些無聊男子較聰明，假藉各種名義打電話，先鬆懈被害者心防。一名女記者說，某天清晨八點，一名陌生男子打電話吵醒她，對方自稱某某名牌內衣公司市調員，問她：「小姐，可否請問妳穿的內褲是高腰、中腰或低腰？」她一聽就

知是電話性騷擾，怒罵對方：「第一，你已吵醒我；第二，你們公司清晨八點就上班嗎？」對方厚臉皮答說：「是啊，我們公司就這麼早上班，小姐妳就可憐可憐我，幫個忙說一下嘛！」她立刻掛電話。

這名女記者另有「奇遇」。這次，對方更聰明，第一次打她的大哥大，很有禮貌地問她「小姐，妳有沒有CALL我」，她說沒有，對方道歉打錯電話就掛斷。隔天，該男子又來電，這次改稱「我是妳的忠實讀者，每天拜讀妳的大作，仰慕已久，能否認識一下」。女記者的大哥大當時剛申請不久，報社聯絡簿或名片上都沒印電話號碼，沒幾人知道，她搞不懂對方是何方神聖？

此後半個月，這名「讀者」每天打電話來閒扯淡，女方每次都隨便敷衍，對方後來可能自覺無趣，告訴她「不要每次都我打給妳，偶爾妳也CALL我一下嘛」，於是給她自己的姓名、住址及電話，她當然拒絕往來，對方後來也停止無聊的電話遊戲。

根據上面的例子，台北市一名資深鄭姓刑警推判，若該男子真的很無聊，有可能到通信公司買大哥大掃描器，專門到公共場所選定正在打電話的美女，掃描出對方的電話號碼，然後打電話騷擾。這種掃描器市價一個才幾千元，外形和大哥大差不多，只要某個頻率範圍內的電話，都可竊聽及掃描號碼，非常難防。

接到性騷擾電話切忌攀談

有些女孩子生性好奇，接到性騷擾電話還和對方攀談探究一番，但通常後患無窮。林姓女子某天深夜臨睡前接到一名男子電話，對方語帶醉意，說話顛三倒四，她誤為另一名已婚的朋友，因為對方每次和老婆吵架藉酒澆愁後常打電話找她訴苦，她於是問他「是不是又和老婆鬧翻了」，對方迷迷糊糊一語帶過。

林女後來發現對方是冒牌貨，質問他是誰，他才解釋前女友原本住在林女租處，他今天心情很差，酒後想找女友訴苦，未料陰錯陽差和林女「搭上線」。林女心腸很好，反而安慰他幾句才掛電話。

隔天，林女問房東，以前住她房間的是不是某某人，竟然不是，她才知受騙，從此該「傷心男子」每天打電話來，還說兩人很有緣，約林女見面要送她花，林女煩死了，最後請教朋友防制之道，向電信局申請電話免干擾服務，任何人打電話給她，接通後要再按指定密碼才能和她說話，她才擺脫對方，但也被朋友戲稱，即使倒會躲債也沒人像她這樣。

❖精神病患暗戀女研究生，政大女舍夜夜電話驚魂

打性騷擾電話的若是精神異常的暗戀者，最令人頭痛，政大女研究生宿舍有個案例很出名。話說一名世新大學畢業的男子，有一陣子不斷打電話給政大女研舍一名女生表達愛意，女方只隱約記得他的名字，但不記得何時何地認識，不太搭理，他依舊纏著不放，常深夜打電話騷擾，搞得她筋疲力竭，只好搬出宿舍。

這名男子發現她已搬離原來寢室，依舊不死心，輪流撥電話到其他寢室找人，接到電話的女生無不莫名其妙，脾氣好一點的，婉轉告訴他打錯電話，有的睡覺時被吵醒，大罵神經病後立刻掛斷，但該男子依舊我行我素，電話鈴聲輪流「問候」每間寢室，吵得整棟宿舍幾百名女生無法安眠，頻頻向校方反映。

政大研究生輔導室獲報全面查訪住宿女生，幾乎每間寢室都接過騷擾電話，有時寢室沒人，該名男子就在答錄機上留言，要住宿者轉告他暗戀的那名女生「不要再躲我，我總有一天會找到妳」。

負責女研舍輔導工作的一名女職員說，她爲了解決這樁棘手的電話性騷擾案，曾請教幾個社會心理學專家，他們都說電話性騷擾是全球普遍的社會現象，無法可治，學校也不可能因此換宿舍總機電話號碼，畢竟換了後對方還是能輕易查出。幾個打算以「電話性騷擾」爲題撰寫碩士論文的女研究生則說，對付騷擾電話的不二法門就是立即掛斷，破口大罵或不知所措反而讓對方產生快感。

爲了對付這名精神異常男子，政大研輔會後來破天荒在女研舍召開防止電話性騷擾會議，公布該男子在宿舍答錄機留下的聲音，呼籲住宿女生下次接到電話，心平氣和地轉告對方「你的問題我們無法解答」，要該男子打電話找教官解決，日子久了，該男子終於放棄，住宿女生才鬆口氣。

❖利用職權電話騷擾，下屬敢怒不敢言

某些人可以利用職權得知女孩子的電話號碼搞怪。一名女校畢業的大學女生有一年暑假接到陌生男子電話，對方不透露身分，只說高中教過她，常看到她在圖書館讀書，想約她出來聊天敘舊，她不搭理，對方又打了兩三通電話，改稱在女中的圖書館上班，她才模糊憶起他是圖書館職員，他可能在畢業紀念冊看到她的照片才找到她家電話號碼騷擾她。

色情狂打騷擾電話通常隨機撥號，沒有固定對象，熟人搞鬼則另當別論。台

北市某中學有個音樂女老師長得很漂亮，愛慕的男學生自然一大票，但大都謹守師生分際。

不過某名男生剛畢業就做出荒唐事，某天深夜竟打電話吵醒女老師，告訴她「老師好漂亮，妳知道我正在做什麼嗎？」老師耐住性子問他在幹麼，他竟答「我一邊想妳，一邊自慰」，老師聽了七竅生煙，氣得不知道要說什麼，趕緊掛電話。

被已婚的上司電話騷擾更是麻煩。邱小姐大學畢業後進入一家小公司上班，老闆雖然已婚生子，但看她清純漂亮，經常藉機說些曖昧的話騷擾她，言下之意就是要她當他的情婦。由於珍惜這第一份工作，她只能矜持敷衍，未料老闆變本加厲，後來常在凌晨打電話到她家，她怕吵醒家人，每次一聽到電話鈴聲就急著醒來接，耐心聽老闆說些有的沒有的。

後來她有天到中部玩，當晚老闆又打電話到她家，是她姐姐接的，對方一聽說她不在，就告訴她姐姐「不要問我是誰，妳妹妹出事了」，姐姐直覺有異，怒

罵對方。後來老闆較少打電話來，但遲至一年後她換公司才徹底擺脫對方的騷擾。

答錄機呼叫器留言功能，有時徒增困擾

暗戀者有的不敢直接和愛慕對象通話，只敢在答錄機上留言或打呼叫器。曾有一個男人多次打變聲電話到王姓女子家留言，自稱他原本對王女一往情深，未料王女後來移情別戀，讓他傷心欲絕，說到最後他由愛生恨，再髒的字眼都罵出來，後來他還呼叫王女，只留下1748四個號碼，用台語唸就是「你去死吧」，實在沒風度。王女後來嫁人搬家，該暗戀者也許死心了，就未再打電話騷擾。

現在有些呼叫器增設答錄功能，有時反而造成困擾。林小姐剛申請呼叫器不久，有天收到一個陌生的電話號碼，她回電，是個聲音聽起來只有十幾歲的小男生，她根本不認識，以爲只是對方呼叫錯了，講沒幾句話就掛斷。後來對方又呼叫她，她只好正經八百地告訴對方「你找錯人了」，小男生竟回答「沒錯，我們

就是要找妳」，搞到最後，原來是一群小男生隨意打她的呼叫器，聽到她留言的聲音又年輕又好聽，想說人長得不錯，決定要「把」她，但一聽說她已卅歲，便興趣缺缺作罷。

已婚女性被電話騷擾，小心老公誤會

被電話騷擾的若是已婚女性，讓老公誤會就慘了。某已婚的貿易公司女職員有次下班後，和幾個男同事去KTV唱歌，她老公當時在家卻接到不明男子的「告狀電話」，對方罵她老公「你是怎麼管你老婆的，讓她三更半夜丟你一人在家，跑去和別的男人唱歌」，她老公火冒三丈，當晚和她吵了一架，冷戰了好幾天才和解，事後她回想，應該是被熟人跟蹤。

台北市一名漂亮的女律師也有類似的經驗。她曾被某名暗戀者的電話轟炸得煩死了，某天對方竟在電話中聲稱，知道她前晚在家裡和媽媽說過什麼話，女律師才知道自己被跟蹤，甚至對方已侵入家門竊聽，最後當然和對方撕破臉，從此拒絕來往。

暗戀者緊迫盯人，電話騷擾還跟蹤

含情脈脈跟蹤暗戀對象，其實還不打緊，偏偏有人非得嚇嚇對方才甘願，較恐怖的例子，莫過於把暗戀對象每天走過的路線標明時間畫成地圖傳真給她，以表達「緊追不捨」的愛意，情節活像驚悚電影，夠嚇人吧。

某國立大學的女生遇到最極端的性騷擾，對象是她的同班同學，他追求她被拒後，仍死纏爛打，不但每天打電話騷擾，還亦步亦趨跟蹤，緊追不捨，並到處告訴同學，他和她早就是一對，且準備結婚，還到她家裡拜訪，直呼她的父母「爸媽」，一直持續到畢業還不放過她，她父母看女兒被折騰得死去活來，根本交不到男朋友，後來到男方家裡告訴其父母請兒子收斂行爲，沒想到他的母親竟答說

「我兒子不錯啊，你們爲何偏不要他」，有這種父母，難怪兒子追女孩子會變態到這種程度。

現代版「狼來了」

台北市某棟大樓呂姓女住戶每到半夜孤枕難眠，老喜歡打一一九和消防隊員玩「狼來了」的遊戲，謊報鄰家失火，然後躲在窗邊，看消防隊如螞蟻般十萬火急趕來，見無事又滿身大汗離去，美人才能如妖姬褒姒戲弄烽火台般，一展愁顏。

話說，某年春節前夕，呂女深夜又打電話向一一九勤務中心謊報她家隔壁火燃眉急，還強調消防隊再不來，就要燒到她家。「狼來了。」值班的添哥認出她的聲音，苦苦哀求她別再鬧了，放大家一馬，睡個好覺。

她一聽，急如熱鍋上的螞蟻，在電話中發誓說：「消防隊的大老爺，我承認過去罪大惡極，沒事亂謊報火警，但這次保證是真的，求求你們快點來，否則以後你們就聽不到我的聲音了。」

求之不得，添哥嘟囔著。但以防萬一，他還是派了兩個分隊趕到現場。幾部消防車火速開到該棟大樓，從外面看，好好的，沒半點煙。但爲保險起見，幾個消防隊員還是拉著水管，走樓梯直奔九樓，累得從無線電對話中只聽得到他們的喘息聲。

到達現場，消防隊員按電鈴，無人應。用力敲門，也無人答。事不宜遲，只好撬開門進入，屋內黑漆漆一片，果然有燒焦味，經查來自廚房，原來是一鍋燒焦的滷豬腳。熄火關掉瓦斯，消防隊員照例檢查各房間，看看屋主是否睡死了。

就在打開主臥室的門，燈光照過去那瞬間，幾個消防員突然哇地一聲，目瞪口呆——只見床邊地毯上，一對男女「黏」在一起，已達忘我無聲的境界。

「先生，小姐，對不起，打擾一下，天氣蠻冷的，可不可以，請你們穿點衣服——」兩人一臉是汗，對著手電筒，看著全副武裝的消防隊員，楞了半晌，才從天堂回到人間，趕緊抓起地上的衣服遮住身體：「你們，你們，這是幹麼？」

消防隊員還沒恢復意識，老半天才回過神說：「你們家煮菜燒焦，有人報警。我們趕來，沒人應門，只好破門而入……對不起，破壞你們的好事。沒關係，我們馬上就走，儘管繼續未完成的動作。不過，下次記得，不要一面辦事，一面燒菜，很危險的。」

只見兩人羞得滿臉通紅，連聲向辛苦的消防隊員道歉，那名習慣謊報的呂姓女子出門見到消防隊員，這下可得意了，可惜渾然不知火因何而起。

✤免費報案專線一一〇及一一九成爲謊報發洩管道

爲方便報案，民眾撥一一〇及一一九專線特別免費，且廿四小時專人服務，

其本意雖佳，卻讓某些「寂寞芳心」有發洩的管道，閒來無事亂謊報，忙壞外勤警、消人員，或說些肉麻猥褻的話騷擾值班人員，成爲都會特殊社會現象。

據台北市消防局一一九勤務中心統計，該中心有八個受理報案台，一百零六條報案專線，每天由十二人分兩班受理報案，以民國八十六年而言，共接到六十二萬多通報案專線，平均每天有一千七百到一千八百通電話，但約只有一成真正危及民眾財產生命，其餘九成電話報的案不是芝麻小事，就是找值班人員聊天或謊報惡作劇；台北市一一〇勤務中心好不到哪裡去，報案電話也近三分之二是謊報。

打一一〇騷擾值班女警，小心踢到鐵板

三更半夜寂寞來襲，很多人愛打一一九或一一〇找警、消訴苦，甚至乾脆當成色情電話，說些不堪入耳的猥褻話語自得其樂。多年前，一名無聊男子閒來無

事，喜歡打一一〇對值班女警性騷擾，未料踢到鐵板，女警不勝其煩，後來透過電信人員查線查到謊報者家裡，將他依妨害風化罪嫌移送法辦，看他以後還敢不敢。

❖情場失意，自殺狂女子把警局電話當成訴苦專線

一名在台北市開藝品的女子原有一同居男友，還生了小孩，但一論及婚嫁，男友卻拋下她和兒子躲到日本，她因情感重挫，每次藉酒澆愁後，忍不住滿腔愁緒，又無人可訴，只好打一一〇求救，管區警員及刑警起初獲報都鄭重其事前往查看，發現她只是喝醉酒，稍加安撫即離去。

未料她從此把刑事組電話當成訴苦熱線，如果警方不陪她聊天，就謊報家裡被偷被搶，害刑警猛趕假現場，大家無奈之餘，只好儘量遷就她，她於是每天纏著值夜刑警「你們不要睡覺，陪我聊天好不好，我的感情一片空白」，搞得眾刑

警人仰馬翻，輪流當「張老師」，還好後來她自覺再這樣下去也不是辦法，終於搬回鄉下老家和父母相依為命。

住台北市大安區的龍姓女子，因懷疑同居張姓男子另結新歡，不但曾放火燒張的房子，還動輒報警自殺，最高紀錄一天三次，一會兒割腕跳樓，一會兒上吊服毒，卻沒一次成功，擺明了把消警叫來家中讓張難堪，威脅張收斂行為。張擺脫不了龍女「致命的吸引力」，把一切推給警方；派出所和消防隊三天兩頭就接到龍女的自殺電話，疲於奔命，又無法徹底化解她的「醋勁」，無計可施，管區警員最後請太太出馬勸解，龍女總算看開了，不再鬧自殺。

八十三年間，一名疑因感情受挫的酒店小姐，每次凌晨下班喝醉，就沿著台北市中山北路割腕自殺，警方好心送她赴醫，她反而罵警察多管閒事，喊說「自殺又不犯法，你們奪下我的刀子，小心我告你們搶劫」。

警員怕傷到她，請一一九處理。消防隊趕到見她滿手是血，問她為何尋短，

她不理不睬，只虛弱地呢喃著「男人沒一個好東西」。消警連哄帶騙，總算硬搶走她的刀子，將不支倒地的她抬往馬偕醫院急救。護士看到她這個「常客」，說了一句「怎麼又是妳」，她賭氣下病床走出醫院，警員見她手腕的刀痕不深，且傷口的血已凝固，碰了一鼻子灰後離去。

之後，她向醫院警衛要了盆水洗淨傷口，只見她白細的手腕上，留著一道道顯然被刀劃過多次的黑色刀痕；警衛問她在住哪裡、在哪邊上班，她瞪了白眼說「妓女啊，怎麼樣」。說完，又倒在路邊，然後勉強爬起，招了計程車回家，臨走前卻丟下話說「我還要去買水果刀，不信我死不了」，警衛只能無奈地搖搖頭。

精神病患亂打電話報案，把警消整得死去活來

經常幻想患重病的精神官能症患者，也讓消防隊員頭痛。有一陣子，一名住在台北市新生北路的婦人，老是說她胃出血、胃穿孔，經常打一一九叫救護車，

但送到醫院，醫生卻說她沒病，消防隊員不載她，她就打一一九胡鬧，轄區消防分隊不堪其擾，後來一查，她老公竟是派出所警員，整天忙著照顧別人，老婆卻變成這樣。

中山分局轄區則住著一個患「恐共症」的老太婆，她幾乎每天都要撥電話到分局報案：「警察先生，我家樓上住著兩百個匪諜，要挖洞下來抓我、強姦我，你們快點向李登輝報告，叫他派人來保護我。」

值班的刑警一聽出對方的聲音，只能微微皺眉，「職業性」地告訴對方「沒問題，不要怕，我們馬上派四百個警察過去，把匪諜殺光光」，老婆婆半信半疑：「不要騙我，快點喔，我等你們」，然後神經兮兮地呢喃幾句，才掛斷電話。一提到這個老太婆，分局上下無人不知，即使沒見過她，多少也接過她的電話，初接電話的人，先是被搞得一頭霧水，再來就習以爲常，進而同情她的處境。

她七十多歲，已滿頭白髮，住在台北市復興北路的國宅，講著一口道地的京片子，據說學歷很高，還當過教授，退休後賦閒在家，不知何時開始出現妄想症，幻想她住在「匪區」，樓上樓下都是共匪，虎視眈眈等著姦殺她，逼得她無一刻安寧，動不動就打電話到中山分局求救，如果值班刑警不理，她就電話猛打個不停，甚至直接跑到分局要求保護。

老人家要的，其實只是有人訴苦，求個心安。看她這副緊張失神的模樣，有的刑警於心不忍，耐著性子，多聽她講了幾句，此後她就把刑事組電話當成個人報警專線，有時一天打好幾通，值班員警窮於應付，傷透腦筋。

謊報害人害己，並非無法可治

不要以爲謊報沒犯法，把消、警人員惹火了，小心被送法辦。八十六年十月，一名醉漢謊報台北市一家保齡球館有人打架及縱火，最後被依違反消防法及刑法誣告罪嫌移送法辦。消防法規定：謊報火警者，處三千元以上、一萬五千元以下

罰鍰；社會秩序維護法也規定，故意向公務員謊報災害者，處三日以下拘留或一萬兩千元罰鍰；如果未指定犯人向警方誣告犯罪，同時觸犯誣告罪。

謊報電話「狼來了」喊多了，會降低消、警人員的警覺，結果害到自己。日本北海道有名老人常亂打一一九叫救護車，有天他太太真的患急症，救護人員以爲他又小題大作，延遲兩個半小時才出動，他的妻子因此死於腦底動脈瘤破裂。

網路情挑，危險！

任職公家機關的留美女碩士S小姐某天透過電腦網路，認識小她一歲的于姓男子，雙方見過第一次面後，于對她一見鍾情，每天送她一束花，甚至還在她家附近租房子，展開熱烈追求。

卅一歲的S小姐家世很好，算是單身貴族，她和于約過幾次會，感覺于怪怪的，有點神經質，又無正當職業，最後以個性不合爲由，拒絕和于進一步交往，未料于不放過她，主演一齣「致命的吸引力」，對S小姐展開一連串的恐怖行動，她的夢魘從此揭開序幕。

于起初自稱國安局人員，神秘兮兮地，打電話給S小姐都會先報出「長江一號」之類的身分代號，還動不動以「危機指數」來說明台海的安全情況，簡直像從間諜電影中跳出來的人物，讓她一頭霧水，搞不清他的來路。

沒多久，于某天埋伏在她家門口，在她清晨走出家門上班之際攔住她，威脅她和他交往，她拒絕，于即拿出預藏的一瓶硫酸，勒她的脖子，威脅要毀她的容，她不得已只好敷衍對方。

過了幾天，于晚間又約她和朋友在飯店喝咖啡，結束後開車送她回家，卻把她載到台北市溫州公園拳打腳踢，之後還誇稱他不怕警察，要她儘管報案，由於于曾恐嚇找竹聯幫份子對付她，她被毒打後雖曾到醫院驗傷，還是不敢報案。

未料，于又電話恐嚇她，若是不和他交往，他會在她家藏違禁品，要栽贓害她。沒想到于說到做到，有天晚上涉嫌打一一〇謊報S小姐家中藏有塑膠炸彈、

槍枝及毒品，台北市大安分局刑事組獲報到她家臨檢，但查無實據，S小姐才決定向警方說出網路交友驚魂記，警方鼓勵她勇於報案。

誰知，S小姐在刑事組做被害者筆錄時，于又打大哥大恐嚇她，要她到溫州公園見面，否則要對她不利，警方見機不可失，立刻趕到公園逮捕于，依現行犯將他移送法辦，但他矢口否認涉案，據傳交保後又重施故技，假冒國安局人員騷擾一名女檢察官，把對方氣得半死。

❖網路交筆友，匿名危險多

據統計，台灣地區到民國八十七年，已超過一百萬人登記使用網路，人數在亞洲僅次於日本。網路的功能五花八門，很多事情都可直接在網路上完成，其中最普遍的功用恐怕是拿來寫信（E—MAIL），或上電子布告欄BBS站交友。

網路交友其實就是交筆友，只不過溝通方式從筆變成神速的電腦網路，但交友的型態大同小異，都可以匿名，在不清楚對方長相、背景的平等基礎上，有時讓人更放心抒發彼此的喜怒哀樂。

日本超賣座電影「失樂園」導演森田芳光的上一部作品「春天的情書」，講的就是網路交友的故事，片中女主角因男友意外死亡而封閉自己，不斷換工作，拒絕和人建立親密關係，最後化名「星星」，和「春天」結爲網友，但她不知道「春天」是男的，而且剛失戀，對同一個工作已厭煩至極。由於不清楚對方性別，加上個性互補，兩人在網路上無所不談。

不過，和傳統的筆友一樣，兩人對談到某個程度，開始好奇想見面，誰知尚未見面，卻發現彼此不如想像中完美，且隱瞞對方部分事情，結果好不容易建立的友誼出現問題，真正見面後一切從零開始。

另一齣日本連續劇「夏日求婚」講的是一個更新新人類的網路愛情，失戀的女主角其貌不揚，暗戀瀟灑的男主角，偏偏對方愛上她的好朋友，她決定成全好友，苦悶之餘在電腦上養了一隻寵物熱帶魚，和也養了熱帶魚的網友「傑克」大吐苦水，最後兩人發現彼此的真實身分，才明瞭彼此原來是心靈契合的一對，終於有情人終成眷屬。

網路變成狼，小心遭強暴

不管是戲劇或現實生活，網路交友固然不乏喜劇收場者，但也有人惹禍上身，S小姐的遭遇絕非特例，另一名大學女生就曾被網友強暴。陳姓輔仁大學學生八十七年初透過網路結識一名女大學生，雙方並發生關係，春節過後，女方以個性不合要求分手，陳心有不甘，謊稱兩人在賓館作愛時被歹徒用針孔攝影機偷拍，再佯稱要和歹徒談判要回錄影帶，誘騙女方到汽車旅館強暴，並拍下裸照，恐嚇對方不能離開他，台北市警中山分局獲報立刻逮捕陳，最後依強姦、妨害自由罪嫌將他移送法辦。

不甘分手，網路誹謗恐嚇樣樣來

在性開放的現代，網友見面後乾柴烈火，難免發生一夜情，甚至有人成立網路換妻俱樂部，不過事後若有人不甘分手，問題就來了。八十六年底，某國立大學女生與男友分手後，對方老羞成怒，在公開網站上張貼以前兩人的親密裸照，這名女學生無地自容，身心重創。

隔年七月，高雄師範大學一名女生到加油站打工結識大專夜校李姓男同學，對方追求她遭拒，涉嫌在網站留下楊女的電話、呼叫器，還留言徵求一夜情對象，楊女不堪其擾，後來到高雄地檢署控告李毀謗。另一名大二女生則是參加校外聯誼，某一男生同樣求偶未遂，惡意用猥褻字眼將她的真名及聯絡電話張貼在網站上，女方不堪其擾。

一夜情還要小心遭設計恐嚇取財。八十六年底，楊姓女子向桃園分局報案，

指她和丈夫逛街時，游姓男子挾持她丈夫威脅強押她上車載到賓館強暴，不過游被捕後提出一份網路色情交易廣告，強調他是因和楊女談不攏性交易價錢，才被對方反咬一口，警方對游的辯詞相當重視，後來查出楊女曾在賓館打電話給林姓男子，林應訊時也說是上網和楊女談性交易，但約好地點後楊女失約，警方因此查出案外案，反而朝網路應召集團方向偵辦。

防止網路性騷擾有一套：化名、中性化、勿洩露個人資料

上網路交友，動機不見得都是單純只想找人聊天，很多人抱著不切實際的性幻想，說穿了就是想上床，女性網友如何避免性騷擾是上網必備知識。

避免性騷擾最簡單的方式就是用中性化的名字編輯帳號、暱稱，讓人無法從名字判斷自己是男是女，例如電影「春天的情書」中，男主角取名女性化的「春天」，女主角反而是男性化的「星星」，兩人通信之初就是因為搞不清彼此性別

才能單純地聊天談心。

此外，針對住宿的女學生，還可先連線到學校的工作站，再由工作站連線到其他地方，避免被發現來自女生宿舍。不過儘管如此，還是有段數較高的網路駭客以入侵或攔截的方式取得網友資料，寄電子郵件關心對方三圍、體重、容貌，甚至直接暗示上床的可能，以此進行性騷擾。

還有人存心不良，以交友爲名，附上圖片檔，女性網友打開圖片檔，會發現都是猥褻不堪的圖片。網友遇到類似情況，可將對方的網站、傳送資料提供給中華電信公司轉警方追查。

不過，好色的網友也要小心遇到惹不得的「女王蜂」。八十六年七月，一名女網友在網路發出想找「性伴侶」的訊息，不久引來一大票有意和她上床的男網友，其中還包括一名大學教授，她釣到這些「好色客」後，最後竟然公布對方的電話，要大家一起騷擾這些無聊男子，這個事件在網路引起熱烈討論，有人指責女主角手段不正當，有人則大呼過癮，指責被騙的男人活該。

最後，和網友見面之初，在未摸清對方底細或進一步交往前，最好不要告知住址，一旦發生親密行爲，要避免被對方拍下暴露的照片以防止日後遭恐嚇或在網路「公諸於世」。

寂寞發燒站，陷阱知多少？

就讀台北縣某國小六年級的「小燕」出身單親家庭，和母親同住。八十七年三月初，她在雜誌上看到「男來店，女來電」的交友中心廣告，一時好奇打電話到西門町這家交友中心，自稱「阿傑」的一名男子接了電話，兩人聊天後，「阿傑」向她要家裡的電話，從此每天打電話要約她出來，她畢竟還小，一開始不願意，堅持電話交友。

一個多星期後某日上午，「阿傑」又約她見面，她因爲好奇，受不了對方誘惑，蹺課和「阿傑」相約在台北市見面，聊了一會兒，「阿傑」藉口帶她到華西街租處看看，趁機施暴，她雖極力掙脫，因力氣太小還是遭玷汙，事後「阿傑」還恐嚇她不能報案。

一個多月後，「小燕」已出嫁的大姊回娘家探親，大姊聊天時發現妹妹神情有異，經一再追問，「小燕」終於說出被強暴一事，她的媽媽得知非常氣憤，立刻帶她向管區台北縣警土城分局清水派出所報案，由於發生地在台北市，派出所立刻將案情傳真給萬華分局桂林派出所處理。

桂林派出所獲報，立刻通知「小燕」的媽媽帶女兒來派出所，警方從「小燕」口中得知「阿傑」的住處及經常出沒的卡拉ＯＫ地址，兵分兩路搜索，警方先趕到「阿傑」華西街住處，發現他已退租潛逃。

另一路員警找到「小燕」所說的那一家卡拉ＯＫ，發現鄭姓服務生外貌類似嫌犯，名字又有個「傑」字，於是將他帶回派出所查問，經「小燕」當面指認確定他就是「阿傑」，而且他目前還是詐欺通緝犯。

「小燕」看到鄭敏傑，還嚇得直發抖，她媽媽氣得大罵鄭「連這麼小的女孩你也不放過」，趕來派出所的七、八名親友還衝上前要打鄭，但被警方制止。鄭敏傑供稱，他離過婚，育有兩子，由於寂寞才加入電話交友中心會員，「小燕」當時自稱已滿十八歲，他才在兩情相悅下和對方發生關係。警方仍依強姦罪嫌將他移送法辦。

男來店女來電，電話交友中心專治寂寞

寂寞很難醫，無聊到心慌的時候，翻開某些雜誌或報紙，會發現很多「專治寂寞」的分類廣告，有的是酒店、伴遊中心或應召站登的，內容曖昧淫穢，看了叫人臉紅心跳；有的則是交友中心，標題常是「男來店，女來電」，廣告內容很簡單，只登了「男用」及「女用」兩支電話號碼。

好奇的話，先打「男用」電話。接通了，傳來一個很好聽的女孩子聲音說，「××交友中心」採會員制，男士只要繳錢買「點數卡」，就會得到一個卡號，每次只要打「女用」電話到中心，輸入卡號，中心就會幫你轉接給女方，每分鐘扣兩點，扣完爲止。

若打另一支「女用」電話，則傳來電話錄音：「××交友熱線，你好，男士朋友請輸入自己的卡號，女性朋友請按#字」，按了#字，交友中心立刻會選出一個男會員編號，說明對方基本資料，如「專科畢業，卅到四十歲」，然後再問你是否願意和對方通話，若願意，電話就會轉接到該名男子家中，男女雙方搭上線開始聊天，聊天內容交友中心完全不干涉。

這是目前最流行的電話交友中心，很多新新人類趨之若鶩，閒來無事，喜歡藉此打電話和陌生人聊天，甚至相約外出發生一夜情，然後說拜拜各奔東西，得過金馬獎的電影「青少年哪吒」，就曾深刻地描繪出「電話交友族」的速食感情

及內心疏離。除此之外，有的電話交友中心還暗藏春色媒介賣淫，少不更事的小女孩也可能因此被誘遭強暴，甚至出賣肉體。

電話交友中心已有一、二十年歷史，經營方式都是女的免費，男的要收錢，其中分成兩大類：傳統的交友中心有固定場所，經營方式是所謂的「男來電，女來店」，即男性要親自到交友中心接聽女性打進來的電話，按時計費，這類交友中心大多分布在台北西門町，例如涉嫌強暴國小女童「小燕」的鄭敏傑就是透過這類交友中心結識「小燕」，該中心接聽電話兩小時收費三百元。

第二代電話交友中心，電腦接通男女感情熱線

一家電話交友中心的服務小姐說，傳統的交友中心太累了，還要跑到中心接電話，改良後的第二代，根本沒有固定場所，中心只是電話轉接站，男性加入會員，買一千五百到三千元不等的點數卡，將聯絡電話、年齡及學歷輸入中心電腦，

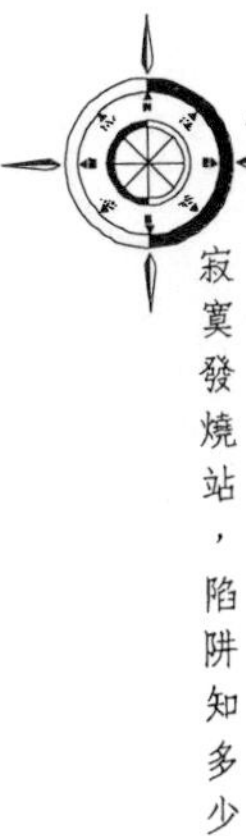

中心就會自動把打來的女性電話轉給男會員聽，或播男會員的電話錄音給女方聽；男會員也可打電話到中心，輸入卡號後，中心會立刻轉接給打電話來的女孩子。

服務小姐說，以她上班的交友中心爲例，純脆是交友熱線，只向男會員酌收轉接電話的服務費，絕未媒介色情，至於男女雙方若談得來相約見面，接下去的事就和中心無關。

❖加入電話交友中心動機各異：純交友、一夜情、強暴無知少女

剛加入該中心會員的一名男子說，他未婚，專科畢業，卅幾歲，因工作環境交友不易，看到報紙廣告向交友中心買了點數卡，對方派人把卡送到他家後，他前兩天共接了四、五通女性電話，對方有的聽起來很年輕，有的也不小，雙方都只是聊天解悶，由於雙方匿名，有時反而更能無顧忌地聊內心話，但是否見面，看雙方意願。

某大學新聞研究所畢業的「小胡」雖然條件不錯，但至今沒有女友，有次他基於好奇，到「男來電、女來店」的電話交友中心玩玩，結果接到的幾通電話都聽得出對方是十幾歲的小女生，東扯西扯，有的還語帶挑逗，可能他太正經了，聽了很不習慣，坐了兩個小時就打道回府，沒交到任何朋友。

有的中年男子則因離婚，或妻子長期不在家，透過交友中心解悶，像打國際色情電話一般，和較大膽的陌生女孩在電話中「聲交」，進而約會發生一夜情，過程冒險刺激。

正因爲交友中心的男會員匿名來路不明，涉世未深的少女貿然和對方見面約會，其實很危險，有人曾因此遭對方灌醉迷昏帶到賓館強暴洗劫，有的則像「小燕」一樣被誘拐強暴。

❖有的交友中心成為變相應召站

為了滿足男客的慾望，有的交友中心乾脆僱用女學生接電話扮演「豪放女」。八十七年間，台北市北投國小一名女童離奇失蹤，警方後來發現她被有戀童傾向的周姓男子假冒警官誘拐囚禁，女童被及時救出。警方逮捕周後發現，周變相經營電話交友中心，以「保證時薪一小時一百元，月入一萬兩千元」，誘騙國小女童到交友中心上班，再教這群不懂性事的小女孩猥褻粗俗的「劇本」，如：「你喜歡我幫你口交嗎？」「我們玩六九吧？」用這些話和男客在電話中「聲交」，非常變態。

有的電話交友中心則掛羊頭賣狗肉，招收少女當伴遊小姐，和打電話來的男會員從事性交易。台北市刑警大隊曾破獲一個大型色情伴遊中心，對方就是以電話交友中心為掩護，招收一百多名男會員，媒介卅多名少女伴遊，其收費分兩類，一種是純聯誼，每小時收費二千五百元；第二種則可讓會員猥褻，加收一千元，性交易則另計費。

很多少女蹺家時寂寞，常打交友中心電話約男人外出聊天上床，久了乾脆加入色情伴遊中心賣身賺錢，甚至介紹朋友投入這一行。台北市警少年隊查獲十七歲的伴遊少女「小怡」，她自稱蹺家之初常打交友中心電話，說也奇怪，每次約出來的男人都要帶她上賓館上床，久了之後她認識不少「男朋友」，以此向同齡女友炫耀，最後加入色情伴遊中心，還媒介多名蹺家少女賣淫，賺取介紹費。

地圖二

情愛悲劇大觀園

另類不歸路
師生戀

一個被知名大學生物實驗室逐出的年輕人，到高中女校當生物老師，結識了自幼遭父親強暴的女學生，雙方在命運的作弄下，迸發一場「不倫之戀」，爲了結束女學生被亂倫的命運，教師差點殺了女生的父親，對方卻羞恨引火自焚，結果這對師生因飽受學校、社會的道德壓力，在火車上服藥殉情。

九〇年代初期，以連續劇「一〇一次求婚」成名的日本名編劇家野島伸司以驚世駭俗的師生戀爲題材，編寫了連續劇「高校教師」，因題材觸及師生戀這個長久的社會「禁忌」，創下全國電視網百分之三十幾的收視率，也引發不小的爭議。

台灣的第四台後來引進播放這齣戲，戲院也上映電影版，由於國情相同，加上戲劇張力大，引發不少觀眾的共鳴。沒想到過了不久，台北市也發生了一件因師生畸戀而悲劇收場的滅門血案，主角同是生物老師，結局更加悲慘。

高棉僑生杜漢成歷經中南半島的赤色風暴，民國七十年輾轉由越南逃到台灣，就讀師大生物系，畢業後分發到台北市某國中，結識小他十六歲的國一女學生于珊珊，兩人一見如故，非常談得來，但礙於師生關係，不敢逾矩。杜後來調到高雄，珊珊仍和他保持聯絡，時空的阻礙反引發兩人的情愫。

杜漢成忍不住兩地相思，又請調回台北縣林口國中，瞞著珊珊的父母，和已升上高中的珊珊暗中交往，兩人後來發生關係，形影不離，珊珊課餘常作飯給杜漢成吃，杜也常在珊珊補習班下課後接她回家。民國八十四年十二月，珊珊的父

母終於知道女兒和杜漢成交往，杜原本想懇求珊珊的父母答應將女兒嫁給他，但對方卻沒收他的身分證，要他籌出一千兩百萬元「遮羞費」，否則要告他。

杜漢成懷疑珊珊的父母玩六合彩賭輸巨款才藉機勒索，一怒之下失去理智，深夜潛入于家殺害珊珊的父母，但遭珊珊撞見，他自知大勢已去，最後也殺了珊珊，還差點殺掉另一名男房客。一場師生苦戀最後玉石俱焚，差點付出四條人命，代價何其大。

異性相吸乃天經地義，男女真心相愛，可以超越國界、階級限制，然而一旦戀情發生在師生之間，就變得荊棘重重，常不是被迫分手或鬧上法庭，就是悲劇收場。

未婚大專師生互戀，魯迅是成功典範

師生戀的種類很多，問題最少的一類是未婚的教師和成年的大專學生互戀，只要兩情相悅，且教師能劃清男女之情及師生關係，雙方未必得分手。民國初年，名作家魯迅任職北京師範大學時，就和女學生許廣平相戀、結婚、生子，成為文壇佳話。

利用成績勾引女學生，感情破裂易遭輿論圍剿

不過，師生之間可以是朋友，也可以是上對下的「權力關係」，一旦老師被控利用權威，以分數欺騙學生的感情，就違反專業倫理。民國七十一年，台大一名女學生寫匿名信向校方檢舉，指一名講師以分數欺壓、玩弄女學生的感情，和她們有「不可告人的關係」，雖然當事者沒有出面指證，該教師還是被解聘。

畢竟，受到教師身分的限制，師生戀情破裂，一旦學生不甘分手，誣指遭老師利用權威欺侮強姦，面對社會輿論，老師絕對是弱者，跳到黃河也洗不清，所以能公私分明，保持師生界線最好。

❖師生戀加上婚外情，多是悲劇收場

婚外情原本就不見容於社會，若發生在師生間，引發的爭議更大。民國五十八年，已婚且育有三名兒女的台北市某商專教授，和小他廿三歲的女學生傳出師生戀，因對方家長反對，他被控寫信恐嚇女方家屬不得「將家醜外揚」，否則要同歸於盡，最後他被迫和妻子離婚，才和女學生在基隆地方法院公證結婚。

青少年身心未臻成熟，又喜歡崇拜偶像，爲人師者不加以指導，還陷入愛河，會讓正值叛逆期的學生更加迷惑，爲愛不顧一切，甚至脫離家庭。八十年，台北市某明星國中三年級的一名女學生，和已離婚的體育老師傳出畸戀，還相偕私奔，女方家長最後報警找回女兒，男老師還因涉嫌誘拐少女脫離家庭，吃上妨害家庭的官司。

老師和未滿十六歲的學生發生關係，如果家長提出告訴，會吃上姦淫幼女罪的官司。八十三年間，高雄縣一所國中的二年級女生聲稱和一名男老師熱戀，且發生性關係，家長得知後向校方指控，雖然女學生堅稱和老師兩情相悅，老師也極力否認，他最後還是被免職，才未擴大事端。

❖女老師愛上男學生，有時更驚天動地

師生戀大多發生在男老師與女學生間，女老師愛上男學生的例子雖罕見，有時卻更驚天動地。台南曾傳出一名已婚職校女老師和男學生交往，還多次以替學生暑期輔導為由，帶對方到賓館開房間，最後被她丈夫捉姦成雙，場面相當難堪。

七十七年間，台中市郊一所職校的女老師被控藉口請十六歲的男學生到租處打掃，進而同居，當牙醫的老公後來發現提出告訴，兩人在警訊時承認同居發生關係，但在地檢署偵查庭訊時卻翻供，男學生還替女老師打抱不平，指老師因丈夫有外遇才調到台中來，沒想到丈夫未受懲罰，反而惡人先告狀，實在不公。

暗戀女老師，最後殉情收場

稱得上師生戀的例子其實不多，較常見的是男學生單戀女老師，且絕大多數被老師拒絕，抱憾畢業，但最怕學生想不開尋短。八十六年四月，台北市一名高三學生暗戀國中女老師，不斷送花示愛，但被老師婉拒，要他專心學業，他無法自拔，在聯考前兩個月，離家投宿賓館在房間上吊自殺，未留遺書，身旁只有一張女老師的照片。

師生戀常因種種因素夭折，但事過境遷，男女雙方再遇，還是可再續前緣。王姓老師剛分發任教中壢市某高中時，和一名女學生相戀，但因女方家長反對，王被迫調校結束這段師生戀。多年後，當年的女學生已大學畢業，也分發回中壢某國中教書，因和王同時報名參加一項未婚男女聯誼活動再度相遇，當初阻礙他們相愛的因素已消失，兩人重燃愛苗。

現代烏龍院
梁祝羅茱模仿秀

哲學家柏拉圖說，戀愛中的人像個神經病，極端敏感，愛人對他一笑，就像吃了興奮劑，如上天堂；感情稍挫，又形銷骨毀，如下地獄，甚至不惜殉情。不過，儘管「問世間情是何物，直叫生死相許」，學者還是認爲，殉情是消極的逃避行爲，絕不值得取法。

從小看多了「梁山伯與祝英台」、「羅密歐與茱麗葉」這類古典愛情悲劇，對很多年輕人而言，殉情不但不足懼，反成爲極浪漫的事，以致悲劇一再重演。

八十一年九月，一對離鄉背景、分別在汽車修理廠與美容院當學徒的小情侶，酒後各留下六封遺書，然後同時自十二樓跳下殉情，遺書中只隱約提及，兩人在世煩惱很多，又無法解決，只好以自殺收尾，並希望家屬將兩人合葬。

少年不識愁滋味，爲賦新詞強說愁，八十五年四月舊事重演。兩名就讀不同高中的小戀人疑因聯考在即，加上親友反對兩人交往，竟一時想不開，傍晚在嘉義市鬧區手牽手跳樓自殺，遺書中只寫說「我們對不起大家的厚愛，自私結束一切，祈求你們能原諒。我們只有一個小要求，我們想永遠在一起，不要將我們分開，就算是埋葬，也請將我們葬在一起好嗎？」家屬悲慟之餘，雖然不明白兩個孩子爲何非得殉情，最後還是成全他們，將兩人火化安置在同一個靈骨塔。

❖約好殉情，有人臨時偷生

螻蟻尚且偷生，儘管說好殉情，不見得雙方都有勇氣自殺。八十年間，彰化

縣一對未成年的情侶因女方家長反對兩人交往，某日兩人行經一條大排水溝時，男的提議跳河殉情，結果真的一躍沒頂，但女方沒勇氣跳，只好匆忙報警將男友撈上來，但爲時已晚；八十五年八月，台北市一名男子要在女友家對面大樓跳樓殉情，經消防隊勸解總算打消死意，沒想到命運作弄人，這男子一不小心還是失足墜樓而死。

✜幫助殉情，法院重判

相約殉情，如一方幫忙另一方自殺後，貪生片面「悔約」，甚至會吃上官司。七十五年六月，台北市許姓男子和在酒店駐唱的女友相約殉情，結果許勒死女友後，卻未依約服毒自殺，反而向警方自首，由於許的供詞頗多漏洞，檢察官最後以殺人罪嫌將他收押偵辦。同年十一月，一名工人因沒錢結婚，邀女友臥軌自殺，結果躺在北上車道的女友先被輾斃，臥在南下軌道的他被警員發現及時拉開，空留餘恨。

爲了不鼓勵幫助殉情這種違法行爲，法院有時判刑不輕。七十九年間，一名男子在女友面前割腕要求一同殉情，女友心動抓起刀子刺向自己的腹部，他見狀順勢推刀幫忙女友自殺，結果對方死掉了，他卻因趕回家見父母最後一面被救活，被警方依殺人罪嫌移送，但上訴到最高法院時改依「謀爲同死而幫助他人自殺罪」，判刑六年，比原判還重。

一方殉情，另一方隨後就到

愛到深處，在天願做比翼鳥，在地願爲連理枝，有些情侶一方因故死亡，另一方會跟著殉情。八十五年八月，一名剛服役的軍人因車禍重傷，女友輸血給他仍回天乏術，哀痛萬分，隔天也服毒自殺，印證男友車禍前一天兩人立下的誓言：「雖未同年同月同日生，但願同年同月同日死」；同年八月，一名台北市的私立大學生和女友吵架，跳樓自殺，女友聞訊不能自已，隔天也跟著跳樓，一路追隨到黃泉。

❖殉情三大原因：家長反對、一方變心、婚外情

殉情的原因，一般分三大類，最常見的就是因雙方家長的反對。十一年前，基隆一對情侶因雙方家長觀念守舊，反對兩人結合，經苦苦哀求無效，這兩個年輕人最後用繩索互綁雙手，跳基隆港自殺。

第三者出現或有人變心，是殉情的第二類。八十四年間，六十五歲的中和市耿姓男子自公職退休後，爬山認識五十五歲的徐姓婦女，開始一段「黃昏之戀」，但對方陸續向他拿了兩百萬元後，漸趨冷淡，耿不甘人財兩失，找徐女到他家談判，結果引爆瓦斯兩人同歸於盡。

婚外情要比一般情侶承受更大的社會壓力，容易殉情了結。八十二年，台北

市一名許姓女子愛上已婚的蘇姓男子，卻被蘇的妻子控告妨害家庭，她爲此忿忿不平，拿石頭砸蘇的住處又被抓，最後服安眠藥自殺，遺言大罵「男人都不是好東西」。

三角關係理不清，一方要殉情，另一方不肯，演變到最後，就是殺人後自殺，悲劇收場。八十四年間，彰化一名水泥工結識高中補校女生，交往一段時間發現對方又有新歡，於是邀對方談判，但一言不合，一時衝動殺了對方，再跳樓自殺。高雄縣的翁姓男子則是不滿前妻另結新歡，持槍射殺前妻同居人後再舉槍自戕。

陰陽生死戀，冥婚一線牽

人死不能復活，但未了的前緣能否再續？有情人終希望能成爲眷屬，一旦有一方突遭變故去世，家屬爲完成死者心願，常藉冥婚讓情侶陰陽聯姻。即使男女雙方同遭不幸，有時家長也會舉行簡單的「結婚」儀式讓兩人同眠，一對在八十七年華航空難罹難的情侶就在雙方家長的淚眼見證下冥婚合葬，非常淒美。

冥婚在台灣社會時有所聞，但多數人只是道聽途說，問起這個習俗的來源、演變及儀式，恐怕沒幾個人知道，這更增添冥婚的神秘色彩。

冥婚是傳統社會重男輕女的產物

中研院文哲所研究員李豐楙從民俗學的觀點解釋，中國古代重男輕女，女孩子未出嫁就死掉，照規定不能進祠堂，死後沒人祭拜，會變成孤魂野鬼四處遊蕩。爲了讓靈魂有所依歸，就出現了冥婚，也就是讓活的男人娶「鬼新娘」的神主牌，把她納入男方家的祠堂，中國文學名著《聊齋》中就不乏這類故事。

早夭的女孩若生前有意中人，請對方冥婚理所當然，倘若沒對象，找誰冥婚？李豐楙說，早夭女的父母爲了把女兒「嫁」出去，有時會把女兒的遺物裝進紅包袋丟在路上，一旦有男人撿起來，就表示對方被女兒相中，可要求與之冥婚，台灣話叫作「撿婚仔」，雖然名稱不同，大陸很多地方也有類似習俗。

被鬼新娘相中，乖乖接受反得福

李豐楙說，「撿婚仔」的新郎一旦被鬼新娘相中，最好不要拒絕，否則不吉利。但也有命相學家認為，某些男生註定要娶兩個老婆，一陰一陽，只要認命娶了鬼新娘，有時反而開運一路發起來。至於冥婚的儀式各地不一，但女方家長通常要給男方嫁妝作為補償，男方不見得要送聘禮，只是娶了女方牌位後，要一輩子祭拜。

老刑警替病兒祈福，迎娶早夭鄰家女

冥婚有時是為了替家人祈福解運，台北市一名老刑警就有親身經歷。刑警說，他的兒子讀書時罹患腦瘤，只有開刀能治癒，但相當危險，他憂心之餘，抱著姑且一試的心理求神問卜，一名乩童告訴他，一名早夭的女孩和他塵緣未了，只要兩人冥婚，女遊魂就不會再作祟，他兒子的病自然康復。

這名刑警回憶成長過程，想起小時候父母曾受鄰居之託照顧一名常生病、「不好養」的小女孩，但二、三年後，女孩還是夭折。乩童聽說這段往事，就說是刑警欠早夭的鄰家女一段情，只要兩人陰陽聯姻，諸事不順自可化解。

這名刑警於是找到女孩的父母，送禮餅到對方家裡提親，然後迎娶女孩的牌位，供奉在他家的祠堂。沒多久，他的兒子開刀順利割除腦瘤，雖然至今身體還是較虛弱，但至少沒有大礙，至於是否拜冥婚之賜，只有神知道。

❖殉情後冥婚，有情人終成眷屬

有的冥婚起因於殉情，是要讓有情人終成眷屬。民國七十四年間，雲林縣虎尾鎮一家紡織廠的黃姓女工與已婚廠長發生畸戀，兩人戀情曝光後，黃女雖願屈居「細姨」，仍不被廠長原配接納，她最後羞憤自殺，廠長良心不安，娶回黃女的神主牌。

台北市一名江姓刑警說，他有一名在台南某工廠上班的親戚也有類似遭遇，但情況相反，是男工人愛上老闆的女兒，由於女方身體有缺陷，家長不反對兩人來往，兩人訂婚後不久，某日騎機車雙載出遊發生車禍，女方不幸摔死，最後也是冥婚收場。曾有一名建國中學的男生騎機車載北一女中的女友上學途中也是出車禍，同樣女方摔死，男的娶回牌位。

李豐楙說，冥婚演變到最後，很多民眾望文生義，即使男女情侶雙亡合葬，也稱爲冥婚。八十五年七月廿五日，一對情侶到台北市「梅林新娘會館」拍攝婚紗照，可惜上天作弄人，他們剛穿好禮服準備拍照時，卻遇到火警同時罹難，雙方家屬由辦喜事轉爲喪事，悲慟之餘，讓兩人冥婚，火化後把骨灰放在一起，在九泉之下共結連理。

八十五年四月，嘉義一對高中男女學生因親友反對兩人交往，在嘉義市鬧區手牽手跳樓自殺，遺書中言死也要合葬在一起，家屬悲慟之餘，最後還是成全他們，將兩人火化安置在同一個靈骨塔。

末路狂盜
飛車鴛鴦

飛車搶奪是台灣最常見的重大刑案，光台北市，有時一天發生十幾件，而且歹徒大都是共乘機車的兩名男子，以夜歸或晨起的婦女爲對象，一把搶走對方的皮包，疾馳揚長而去，等被害者回過神來，歹徒早不知去向，記不得面貌，即使記下車號，也常是失竊的贓車。

民國八十五年夏天，台北市的「飛車搶奪族」出現了鴛鴦大盜，男的騎車，女的搶，還不時更換髮型，一會兒長，一會兒短，不分晝夜，不論被害者是男是女，從南搶到北，從大馬路搶到小巷子，讓警方疲於奔命，傷透腦筋。

同年九月初，北投分局總算抓到第一對鴛鴦盜，男女皆未成年，女的還只有十五歲，父母雙亡，兩個姐姐又出家，她也一度剃度爲尼，但受不了苦而還俗，誤入歧途，結識因少年案件同被保護管束的另一名少年，兩人以搶爲生，至少犯下十幾案。

這對小鴛鴦盜落網後，沒想到還有另一對照樣在搶，而且以中山、大安、松山、信義等市區爲根據地，搶得更兇，幾乎每天都犯案，警方束手無策。這對橫行大台北的鴛鴦盜最後持搶來的支票去租車遭退票，因此露出破綻，被中山分局刑事組逮捕，經擴大追查，兩人涉案近百起，數目驚人。

這對橫行大台北的鴛鴦盜也是問題家庭下的悲劇產物。男盜吳××有原住民血統，是自幼被送到廣慈博愛院收容的棄嬰，十九歲離開博愛院後，到餐廳當廚師學徒，平時酷愛賽車，曾得過澳門機車賽冠軍；女盜買××被捕時剛滿十八歲，

身高一百八十三公分，自幼父母離婚，被在酒店上班的媽媽丟給外婆養，從未受到家庭溫暖的滋潤。

買××和吳××跳舞認識後，因同病相憐，一見鍾情。最後卻因男的失業，女的懷孕，生活無以爲繼，被迫結夥搶奪，由擅賽車的吳騎車，手長腳長的買搶奪（有時還戴假髮），連台北市議員藍美津也是被害者之一。有名老婦人被搶後，還驚嚇過度住院，很久才康復。遺憾的是，他們落網後被借提出來時，不見明顯悔意，還有說有笑，非常恩愛，態度十足的「我倆沒有明天」，令警方及被害者不禁搖頭。

我倆沒有明天，鴛鴦大盜經典名片

說起鴛鴦大盜，稍微老一輩的人常會聯想到一九六〇年代，由華倫比提、費唐娜薇主演的「我倆沒有明天」這部美國經典電影。該片是真人真事改編，講的是三〇年代經濟大恐慌時期，一名鄉村浪蕩子爲了向女友逞勇，竟持槍搶銀行，卻誤殺行員，無法回頭，乾脆一不做，二不休，從此和女友以搶劫爲業，闖遍大江南北，但終究難逃法網，被警探亂槍打死。

「我倆沒有明天」雖然是部暴力美學電影，但因片中成功剖析經濟、社會問題對犯罪者的潛藏影響，及迷戀暴力求得刺激的變態人性，當年曾得到奧斯卡影展八項提名，包括港台在內的許多國家後來相繼拍了許多同類電影，但多未學得其中精髓，還間接鼓勵生活陷入困境的情侶鋌而走險。

七十六年間，台南市一對出身正常家庭的國中輟學男女生，因父母忙賺錢疏於照顧，偏離正軌蹺課蹺家，兩人結識後雖然「恩愛」，但沒有麵包還是活不下去，終於異想天開，模仿連續劇情飛車搶奪，經過驚險的警匪追逐被捕，淚灑警局。

✤為籌結婚費用，未婚夫妻鋌而走險當鴛盜

「歹路不可行」，台中市一對結夥飛車搶奪的未婚夫妻，下場更悲慘。七十九年間，一對在紡織廠工作的年輕情侶訂婚後辭掉工作，打算找更好的工作存錢結婚買房子，但現實環境何其殘酷，兩人遲遲找不到新工作，生活更加拮据，最後扮起飛車搶匪，卻因過於緊張，得手後連闖五個紅燈出車禍，女死男傷，鑄下悲劇。

八十四年間，高雄市一對情侶因怕家長反對兩人交往，想急著結婚，偷了一輛轎車，到處行搶檳榔攤，被派出所員警攔捕，女的被捕後羞恨交加，還切腹自殺，所幸被救活。隔年，花蓮一對年僅十八歲的小夫妻則涉嫌飛車搶奪，還把所得交由父母銷贓，所謂「上樑不正下樑歪」，鴛鴦盜淪落如此下場，為人父母者責無旁貸。

戀戀偷情史

一名二線一星女警官民國七十八年「下嫁」一線二星林姓警員，未料婚後丈夫動輒打她出氣，並和未婚的張姓女警員發生婚外情。八十四年七、八月間，丈夫帶著大女兒與張姓女警南下住在丈夫姊姊家，丈夫與女警竟當著大女兒的面發生親密行為。

隔年四月，女警官看見五歲的大女兒對小女兒作不雅舉動，追問才知是「模仿爸爸與阿姨在床上脫光衣服」，她一怒之下對兩人提出妨害家庭告訴，一審判決兩人有罪，各處有期徒刑三月，得易科罰金；上訴高等法院後，張姓女警員突然提出「處女膜完整」的醫生證明，不但證明其處女膜完整，且無特別厚或修補現象，法官因此推斷，若真有通姦，處女膜並無完好之理，認定兩人「僅及猥褻，未達通姦」，改判無罪。

不過針對民事部分，台北地院民事法庭法官採信林姓員警大女兒所說「爸爸在下面、阿姨在上面壓在一起，二人脫光衣服」等證詞，判定兩名被告以為小孩在旁睡著而從事猥褻行為，且此行為已嚴重侵害女警官婚姻生活的圓滿及幸福，應連帶賠償八十萬元慰撫金。

台灣已成偷情社會，婚外情司空見慣

俗話說：「結婚是戀愛的墳墓」，相愛容易相處難，再恩愛的情侶婚後朝夕面對，彼此的缺點會逐漸浮現，難免床頭吵床尾和，需要相互容忍才能維持長期關係，即使夫妻相敬如賓，感情總會變淡，這時周遭（特別是辦公室內）若出現更談得來的對象，外遇就發生了，有時會搞到夫妻恩斷義絕，被辜負的一方報警捉姦對簿公堂，女警官的案例其實不特殊，類似事件在台灣幾乎天天上演。

《張老師月刊》曾針對「多重戀情」對讀者進行問卷調查，結果發現三成二的受訪女性及四成二的男性曾同時和兩個以上情人交往，且各過半數都經歷過一次多重戀情；經歷過五次以上多重戀情的男性高達一成四，女性也占百分之五。

針對現狀，一成六的受訪男性和一成女性有兩個以上的情人；四成六的男性和二成一的女性希望與兩位以上情人交往。若只針對已婚者，一成七的已婚男性和一成三的已婚女性目前有兩個以上情人（含配偶）；但高達六成七的已婚男性想出軌，也有近二成的已婚女性想發展婚外情，顯示台灣儼然已是「偷情城市」或「多情城市」。

想腳踏兩條船、大享齊人之福的人固然多，一旦自己的情人出軌，大部分的人都不能接受。但基於「太愛了，捨不得離開」的情感因素，或爲了兒女幸福著想，不少已婚者發現伴侶外遇，會睜一隻眼閉一隻眼，等待對方回心轉意或乾脆與第三者共享伴侶，可是也有很多人心有不甘，採取較激烈的手段——捉姦，蒐證控告伴侶及第三者妨害家庭。

❖捉姦第一步：先發現另一半外遇證據——日記、信件、戶口名簿、發票

捉姦的第一要件，要先發現另一半外遇的證據。俗語說，若要人不知，除非己莫爲，偷情者掩飾得再好，總會留下漏洞，「原配」只要多用點心觀察，不難看出端倪，例如偷看配偶的日記。已婚的游姓男子在外另築香巢，還在日記簿上記載與情婦的「行事紀錄」，結果被髮妻檢閱日記發現，一狀告到法院。

信件也可能暗藏玄機。高雄岡山李姓男子某日接到陌生男子寄給老婆的賀年卡，他覺得事有蹊蹺，按住址前往察看，果然發現太太在外和男人同居，於是報

警捉姦，當場逮個正著。

甚至連戶口名簿都會發現問題。莊姓婦人某日發現家中的戶口名簿上，突然多出一個兒子，經查才知丈夫在外和其他女子同居生子，於是報警將丈夫及情婦移送法辦。

厲害一點的，連發票都可拿來當偷情的證據。新竹謝姓婦人懷疑丈夫與女同事有染，請徵信社暗中調查，後來她到賓館捉姦，可惜丈夫和情婦即將離去，證據不足。她再接再厲，最後在丈夫的口袋裡翻到一張發票，經向商店查證為「超薄保險套十二入」的商品，檢察官終於採信此證據，將她的丈夫及情婦起訴。

配偶出現異常行為，小心外遇作祟

配偶出現異常行為，常是外遇的反映。雲林斗六謝姓婦人某日見丈夫親自到市場買菜，卻沒說要請什麼客人，她心知有異，隔天上午照常上班，近中午卻請

假偷溜回家，躲在臥室隔壁空房。不久，她丈夫和已婚的李姓婦人返家共同做菜吃午餐，飯後還到臥室相擁，兩人正欲脫衣時，謝婦持菜刀衝進房內殺了李婦一刀，然後報警。

走路時「明察秋毫」，有時也會找到另一半外遇的線索。高雄市已婚周姓婦人開車外出和男友幽會，兩人把車停在暗路邊聊天，未料周婦的丈夫剛好路過，他看到車子以爲被偷，報警捉賊，警方人員趕到現場打開車門，只見衣衫不整的周婦和另一男人摟在一起，丈夫一怒之下對兩人提出妨害家庭告訴。

台北市王姓婦人也是路過無意間發現老公的姦情。王婦的丈夫是建築商，經常到聲色場所應酬買醉，後來他和一家酒店的林姓坐檯小姐搭上了，爲免相思之苦，乾脆在住家附近租下公寓四樓金屋藏嬌。誰知，某日王婦行經林女住處前，發現久未返家過夜的老公把機車停在騎樓前，她再抬頭一看，又發現四樓陽台的曬衣架飄著老公的衣物，她心知有異上樓查看，當場抓到老公和林女只著內衣褲相擁而眠，一怒之下報警處理。

家門口多出陌生人的鞋子，浴室內多出盥洗用具，臥室內多出女用絲襪，都可能是外遇的結果。已婚的邱姓婦人某日返回台北家中，發現門口多出一雙女鞋，她敲門，卻自門內反鎖沒人應，她於是報警抓賊，卻抓到老公和另一女子在家裡通姦。

帶媽媽捉老爸的姦，幼兒成爲忠實眼線

兒女雖小，有時反而成爲捉姦的「眼線」。台北市王姓男子以爲兒子尙小不懂事，時常帶兒子與女友往來，誰知他兒子忠於媽媽，後來他被髮妻捉姦成雙，兒子竟成唯一證人，讓老爸吃上官司。類似案例也在嘉義發生，翁姓男子瞞著太太經常和髮姐在外姦宿，沒想到被六歲的兒子知道，最後向媽媽「密報」帶警察捉姦，老爸竟栽在自己兒子手裡。

找徵信社錄音錄影，既省力又確實

捉姦是件傷神費時的事，很多人交給徵信社處理，最常用的方法就是在家裡錄影存證。中部某美容機構陳姓女老闆和子女移民加拿大，留下丈夫在台灣照顧事業，行前她委託好友黃姓女店員注意丈夫行蹤。出國後，她發現丈夫打電話的頻率漸減，後來返國時又在臥室內發現女絲襪，她於是請徵信社在主臥室裝設錄影機，沒想到和丈夫偷情的就是黃姓女友。

針對辦公室戀情，要在辦公室內偷錄影。台北市張姓男子和開貿易公司的老婆平日各忙於事業，夫妻關係漸淡。後來他懷疑妻子和公司總經理有染，但苦無實據，最後決定在公司休息室安裝一套可長期錄影的攝影機，爲鬆懈妻子心防，他還故意出國考察。他返國後取出錄影帶一看，老婆果然和總經理在休息室內巫山雲雨。

另一半無緣無故在外租屋，可能是外遇，不信，錄影見真章。已屆中年的賀姓女子八十六年底在上班地點租屋作爲休息之用，由於她的上班地點離家不遠，丈夫因此生疑，暗中在賀女租處冷氣孔偷裝針孔攝影機，結果發現妻子和小她十九歲的國立大學研究生通姦，向台北地檢署提出告訴，研究生被判刑四個月，得易科罰金，但丈夫撤銷對賀女的告訴，雙方後來協議離婚。

❖偷腥錄影留念，有時反而成爲捉姦鐵證

有的人在外偷腥還要錄影留念，事後反成爲外遇的證據。高雄市已婚洪姓男子和李姓女友到台中某汽車旅館幽會，並以V8攝影機拍下過程留念，兩人後來分手，李女也嫁給別人。未料五年後，洪妻在家中大清掃時發現這卷錄影帶，清楚看見老公和別的女人裸體相擁而提出告訴，兩人最後被判刑四個月，得易科罰金。

江姓男子發現老婆外遇的時機更特殊，某日他觀看第四台鎖碼頻道的三級片，竟發現老婆是女主角，在螢幕上和別的男人交媾，他懷疑可能是老婆和情夫在賓館偷情時被歹徒用針孔攝影機偷拍，後來翻製成錄影帶播映，真是丟臉丟到「家」了。

❖報警捉姦，要寫委託書、給紅包

發現配偶外遇的證據，接下去就要報警會同捉姦，其程序通常是到管區派出所，寫下一張捉姦委託書，再帶警員到通姦處敲門臨檢，以開門時間長短、通姦者的衣著及屋內的物品（如保險套、內衣褲）來判斷兩人是否在屋內從事性行爲。

在中國人觀念中，總是勸和不勸離，所以警察會同捉姦一般被認爲是「缺德」事，因此拜託警察捉姦有時按慣例要給紅包去楣運，此外，還忌諱未婚員警捉姦，怕以後娶不到老婆。

❖警察捉姦注意事項：小心被捉姦者受傷出意外

警察會同捉姦有幾點要小心。首先，要防止捉姦者帶武器。台北市某派出所陳姓巡佐有次和一名中年婦女到賓館捉姦，未料對方一見到老公衣衫不整和別的女人共處一室，竟氣得從皮包拿出一把小斧頭丟過去，還好沒傷到人，否則後果不堪設想。

其次，要防止被捉姦者跳樓發生意外。八十三年間，中壢市曾姓婦女懷疑老公和廖姓女子同居，於是會同管區警員捉姦，警員敲門後，廖女慌忙自七樓攀爬窗戶躲避，墜樓不治。

正因爲怕被捉姦者溜走，有時要派人在房屋周遭把風。桃園陳姓男子與李姓酒家女同居被老婆捉姦二次，他得到教訓，在通姦處三樓窗外準備一條繩子隨時開溜，沒想到太太棋高一著，第三次捉姦時請朋友在二樓陽台把風，攔截攀繩而

下、沒穿衣鞋的老公。

捉姦巧遇名人：中姐、演員、名主播

警察捉姦有時會捉到名人。八十年間，盧姓中國小姐和胡姓商人在復興南路一段某賓館共處一室，被胡妻捉姦成雙，雖然兩人衣著整齊，但盧女最後被迫付出一百萬元和解金，還被解除后冠，胡則和妻子離婚。

八十三年間，一名馬姓資深電視女演員發現從事家庭百貨進口業的老公和以前的謝姓女員工偷情，於是會同警方到台北市一家飯店捉姦，發現老公和情婦衣著不整，垃圾桶內有男內褲及衛生紙，但她最後只對謝女提出告訴。

更出名的案例發生在八十五年間，某知名電視女主播被婆家懷疑和某大報主管通姦，她的婆婆先請徵信社跟蹤及竊聽電話，後來某日深夜到媳婦及兒子的住處捉姦，發現該大報主管躲在衣櫥內，但雙方都否認有姦情，還說電話中曖昧的

對話只是好朋友間的玩笑。

❖老公一再偷腥，老婆再三捉姦

通姦有時像吸毒，要根絕談何容易，即使被捉過姦，有時還是照常偷情，甚至改變對象。鍾姓男子八十五年底在家中和林姓女子通姦，被髮妻當場發現；兩星期後，鍾妻又「活逮」老公和一絲不掛的朱姓女子在家通姦，且拍照為證，但朱女辯稱，她因幫忙照顧鍾的女兒被「吐奶」弄髒衣服，誰知正要脫下清洗時鍾妻闖進來；她還說曾因墜樓造成骨盆受傷，兩腿張開就會痛，根本無法性交。

不過法官並不採信，首先，鍾的女兒已近三歲，已過了吐奶年齡；其次，根據鍾妻拍到的現場照片，只見朱女兩腳張開坐在床角，表情並不痛苦，法官因此判定其姦情屬實。

蔡姓女子也有同樣遭遇，八十一年間，她和已婚的陳姓男子通姦，被法院判刑四個月。不久，陳妻又在蔡女住處查獲丈夫睡在裡面，但蔡女辯稱，當天是她和陳通姦所生一名夭折女嬰的「百日」，她至該處是爲了祭祀，但會同捉姦的警員卻未看到紙錢等祭祀品，蔡女所言不實，再度被移送法辦。

偷吃腥老是被抓到，是很丟臉的事，但有些男人還是照吃不誤，被老婆抓到，大不了寫悔過書低頭認錯，等她氣消了繼續拈花惹草。台中市一名廖姓商人愛好「粉味」，常出入特種場所帶女服務生出場，但他的老婆也非省油的燈，婚後十多年來已抓到他通姦十多次，逼他寫下八張悔過書，後來有天他又帶著三溫暖女服務生上賓館，兩人才一進房，就被太座抓個正著，廖見狀立刻低聲下氣，奮筆寫悔過書，老婆才氣消放他一馬。

捉姦成三，最令原配無法承受

老是出軌被抓其實還不嚴重，最令人難受的，莫過於捉姦時發現另一半大玩

「三人行」，「捉雙」變「捉三」。八十年間，游姓肉商在台北市一家舞廳認識吳姓舞女，兩人稍後同居，不久吳女的「姐妹淘」也加入變成「三人行」，游的太太原本只隱約知道丈夫和人同居，未料報警捉姦，卻發現兩個女主角，她怒不可遏，對丈夫等三人提出告訴。八十三年間，開幼稚園的翁姓男子因婚外情被妻子發現報警捉姦，沒想到也是「捉姦成三」，妻子差點昏倒。

❖狐狸精竟是男子漢，捉姦發現老公同性戀

最誇張的例子，莫過於老婆捉老公的姦，竟發現「狐狸精」是男子漢，才驚覺老公有斷袖之癖，台北市就曾發生這種事，陳姓婦人捉姦捉到老公和男同性戀上床，不過第一次遇到這種事的警方倒是傻了眼，質疑同性戀婚外情在現行法令上到底算不算通姦，因而引發法界人士爭辯，至今仍無定論。

地圖三
牛郎浮世繪

物慾社會，迷醉牛郎

凌晨，燈紅酒綠的台北市林森北路正熱鬧，一眼望去，數以百計的酒店、酒家、舞廳、夜總會、理容院、三溫暖……一家接一家，直延伸到巷內，大大小小、五顏六色的霓虹燈閃閃爍爍，令人眼花撩亂。

對於安分守己的家庭主婦或朝九晚五的粉領貴族而言，這兒是完全陌生的國度，是個道德的禁地。

走近林森北路、長春路口一帶，周遭的生態和空氣，突然有異。幾家男性服飾用品店，竟然燈火通明，通宵營業，在路口站久點，老是有一股濃厚的古龍水香味擦身而過，好些衣著入時、西裝筆挺、外形俊秀的男子，手拿大哥大，陸續走進一棟大樓，氣質帶了點脂粉味。

跟著這男子搭電梯上九樓，在一家店門口停下，首先映入眼簾的，是張貼在牆上的業績排行榜：「麥可上月業績一百檯，領先群雄，請各位同仁加油，迎頭趕上」。走進店內，舞曲聲轟然入耳，幽暗的舞池燈光下，幾對男女緊摟著身子，正大跳貼身慢舞。

細看，這些男的一概高壯，年輕時髦，女的則各不相同，有打扮俗艷的歐巴桑，有狀似酒店小姐的妙齡女子。舞池旁，同樣的男女窩在餐桌一隅或包廂內，竊竊私語，狀甚親密，桌上是一瓶瓶洋酒，杯盤狼藉。

這是一家典型的牛郎店「亞歷山大」俱樂部，在以往，這種店光是林森北路就有十幾家，起起落落，躲在台灣都會鬧區的陰暗角落，每隔一段時間，就會成

爲社會的焦點，逼得警方大舉掃蕩，但業者避避風頭，總是過一陣子又復出，廿多年來牛郎店從未根絕。

「午夜牛郎」雖被禁演，牛郎仍西風東漸

民國五十八年，以男妓爲背景的美國電影「午夜牛郎」，獲得奧斯卡金像獎最佳影片，轟動國際。片中，一名來自德州鄉間的牛仔，滿懷天真夢想赴紐約淘金，卻遭受百般挫折，淪爲身分低下的男妓，最後他看清都市的無情與現實的殘酷，毅然返鄉。

台灣牛郎店始祖：女人樂園、綺蘭谷

當時台灣民風保守，男妓這題材聽來蠻嚇人的，「午夜牛郎」慘遭禁演。六十四年，西風東漸，台北市延平北路鬧區也出現由男侍陪女客喝酒的餐廳，通稱

「女人樂園」，這些男侍除了陪酒外，也和女客出場從事色情交易，警方獲報立刻派出女警大舉掃蕩。

隔年，林森北路馬上出現一家同類餐廳，取名「綺蘭谷」，和「騎男谷」、「奇男谷」諧音，也是以男色為賣點，有「天下第一分局」之稱的中山分局知道此事，不免又是一番密集臨檢，逼得該店自動歇業。受到警方取締的影響，這些店起起落落，部分牛郎為了生存，轉入地下舞廳，專門侍候到舞廳找樂子的鶯鶯燕燕。

星期五餐廳被查，反成為牛郎店代號

七十一年，台北市林森北路開了一家「星期五」餐廳，由於「艷」名遠播，逼得中山分局不得不直搗「牛」窟，查獲八名牛郎，該店一下子關門。由於當時不少記者隨行採訪，牛郎店一下子成為社會焦點，此後又稱「星期五餐廳」。

解嚴前後，也就是民國七十七、八年間，台灣的牛郎店出現了結構上大轉變，朝「量販專賣店」發展。當時，正值股市狂飆，一些富婆拿著丈夫的錢投資，白天在股市獲利後，晚上就相偕逛牛郎店，由於「牛」源有限，幾個寂寞的姐妹淘一邀，每人出資二、三十萬元，甚至自組「買春團」，到外國觀光「開洋葷」尋牛作樂，而香港是她們必經之站。

港式牛郎店，將男人當成櫥窗商品任君挑選

「香港模式」的牛郎店，經營方式和酒店雷同，就是將牛郎當成櫥窗商品，集中陳列開放給女客挑選，被選上的牛郎，從坐檯陪酒、跳舞，到出場姦宿，甚至給富婆按月包養，成爲吃軟飯的小白臉。利之所趨，牛郎專賣店於是如雨後春筍般相繼開設，每家店旗下的牛郎動輒數十，甚至上百人，有些名字取得很好聽，叫舞蹈俱樂部，牛郎統稱「舞蹈老師」。

❖香港舞男帶動台灣牛郎店全盛時期，最多九十九家

在多種「利多」的因素影響下，牛郎店正式進入全盛期，大批的「港仔」也慕名而來趕到台灣淘金。這時期，港星任達華主演一系列的「舞男」電影更推波助瀾，挑起女人的好奇心，小至十五、六歲的在學少女，大至六十幾歲的祖母級歐巴桑都趕來「牧牛」，逛牛郎店已成爲某些女人圈中的秘密遊戲。

台北市議員林瑞圖等人根據警方的調查資料指出，台灣全盛時期的牛郎店共有九十九家，其中以台中市最多，高達四十七家，高雄市次之，有卅二家，台北市有十七家，台南市二家，桃園一家，從事牛郎業的男性共有一萬一千多人。

❖喜宴俱樂部查獲小牛郎，警方再度大掃蕩

八十四年，台北市仁愛路開了一家「喜宴俱樂部」，號稱全台最大的牛郎店，

旗下牛郎近百名，大安分局後來到該店臨檢，查獲一名十七歲的小牛郎，轟動一時；兩個月後，警方又突襲臨檢這家店，將八十六名牛郎悉數帶回偵訊，牛郎店再度成爲社會的焦點。

從此，警方每天出動大批人力到牛郎店臨檢站崗，且採取「非常手段」阻斷供需來源，警方一方面通知女客家屬她們到此消費，另一方面請牛郎戶籍地管區警員告知牛郎家屬家裡出了牛郎，牛郎店雖然因此式微一陣子，但發生劉邦友、彭婉如、白曉燕等三大刑案後，警方忙著抓人，牛郎店很快又恢復盛況。

勒令斷水斷電，阿扁市長逼得牛郎走投無路

八十六年，陳水扁雷厲風行掃黃，無照營業的牛郎店全被勒令斷水斷電。隔年三月，「亞歷山大俱樂部」私自接電復業，號召將近兩百名的失業牛郎投入旗下，成爲有始以來最大的牛郎店，最後還是遭警方大舉臨檢斷水斷電，連店內裝

潢都被破壞，無法死灰復燃。

「亞歷山大」俱樂部之後，警方再度出動大批人力，凌晨臨檢轄區藏在公寓地下室的「浪漫一生」牛郎店，業者閉門頑抗，警方在外苦守六個多小時才從密梯進入現場，該店裝潢成石窟，備有牛郎健身房，牛郎出場還敲大鑼助陣，當然也被提報斷水斷電。

包二郎文化已成風氣，牛郎永難絕跡

台北的牛郎業雖然短時間內元氣大傷，但牛郎店的風氣一開，就永難禁絕，即使沒有牛郎店，花錢養牛郎已成爲某些酒店小姐、情婦、富婆的特殊文化，如果說男人在外面養女人叫包二奶，女人在外面養牛郎，就可稱爲「包二郎」。

◆包二郎三部曲：選定牛郎、花錢力捧、購物包養

包二郎通常有三步曲：第一步要先逛牛郎店，選定對象。牛郎坐檯一般每檯一千二到一千五百元，一檯到底，但可轉檯；出場一小時二千到三千元，性交易另計。至於開酒費，一瓶市價兩千多元的XO，在牛郎店可能就要六、七千元，甚至上萬元，但在競爭激烈的時期，高雄市有些牛郎店打出「最低消費五百元、啤酒喝到飽」的口號吸引女客。

牛郎店的小費以「大杯酒」爲計算單位，每大杯一千到二千元，但酒通常不上桌。想贏得紅牌牛郎的芳心，不但要常點對方坐檯，還要賞個幾十杯甚至幾百杯大酒，才能擊倒其他女客，和牛郎有進一步發展。高雄市警方曾臨檢一家牛郎店，發現有富婆一夜賞給紅牌牛郎六百杯大酒，共六十萬元的小費，令人咋舌。

因此，包二郎的先決條件要有錢，否則下場很難堪。八十五年八月，台北市一名年輕女會計到牛郎店消費，一時昏了頭，當場買了五百杯大酒捧牛郎的場，沒想到一大杯二千元，總計一百萬元，她沒錢只好簽帳，後來被牛郎逼得走投無路，酒醉後向中山分局求救。

牛郎見錢眼開，光買大杯酒還不夠，第二步就要花更多錢，帶他們出場，買名牌服飾、名錶到進口轎車，這樣一花下來，動輒百萬元，多則近千萬元，至於值不值得，端看個人感覺，但無可否認地，某些體育系畢業或軍人退伍的牛郎身強體壯，沒事又猛鍛鍊身體，和家中「糟糠」老公比起來，自然較能給女人性滿足。

八十四年底，台中市一名年近六十歲的男性向醫生投訴，五十五歲的太太自從和牛郎發生關係後，好像才「情竇初開」，不但打扮變花俏，更一反過去的保守，每晚熱情如火，床笫間需求無度，搞得他大喊吃不消。

雖說「千金難買真情」，一旦愛上牛郎，很多女人妄想金屋藏「牛」，第三

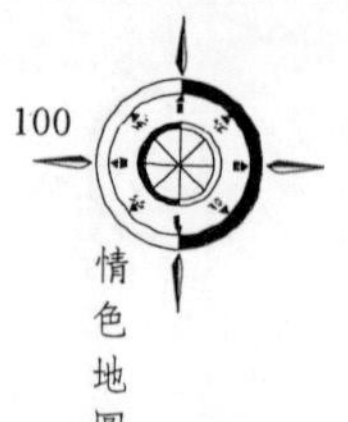

步就是在外租或買個小套房，包養牛郎。八十六年夏天，一名已婚的有線電視女主管瞞著丈夫在外包養牛郎，後來被丈夫會同派出所員警捉姦成雙，她反而責怪丈夫丟她的臉，牛郎還當警察的面演出求婚記，把當老公的氣得七竅生煙。

帶刺的男玫瑰

雖然說，有錢能使鬼推磨，但縱有千金，也難買真情，一部牛郎發展史，幾乎就是「火山孝女」散盡錢財，到頭反被牛郎拋棄的墮落史。

據警方的非正式統計，歷來光顧過牛郎店的女客中，百分之三十七爲家庭主婦，近三成是單身女子，百分之二十一是酒店小姐。這三種人共同的特色，就是有錢，自己賺的，或老公給的。

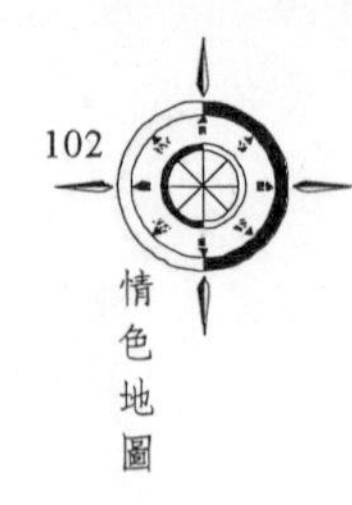

✤酒店小姐是牛郎店忠實顧客

牛郎店發展之初，酒女一直是忠實顧客，她們爲了錢，上班的時候被男人視爲玩物，喪盡尊嚴，一旦被欺侮慣了，似乎有種報復的心態，下了班反過頭來找牛郎，花錢展現「女人在上」的主控力，發洩她們心中對男人的怨氣。一名紅牌酒女曾看上一名紅牌牛郎，天天花錢捧他的場，但她醋勁大，想將他占爲已有，不容許他轉檯，偏偏他不買帳，有次兩人鬧翻了，她當場摔酒瓶，打了牛郎耳光，回去還煽動黑道弟兄，差點縱火燒掉牛郎店，幸好被警方及時阻止。

✤黑道夫人，牛郎得罪不起

大哥身邊的「黑道夫人」更不能惹。傳聞某重量級黑道大哥的太太看上一名當紅的王姓牛郎，短時間內在他身上花了幾千萬元，後來東窗事發，黑道大哥知

情，發布「狙殺令」，王數度中彈，但都逃過一劫，最後被逼得沒辦法，終於退隱江湖。

話雖如此，還是有些酒女感情脆弱，妄想花錢買得牛郎的真心，結果人財兩失，痛不欲生，台北市中山北路有名酒女因此自殺，香隕玉消。有些酒女被騙，雖未自殺，卻從此以男人爲報復對象，萬華分局抓過一名迷魂女盜，她自稱被牛郎騙了數百萬元積蓄，才投入伴遊中心，專門下迷藥強盜男客。

有錢歐巴桑愛逛牛郎店，媽媽樂一時盛行

早期由於社會風氣使然，一般良家婦女，婚姻再怎麼不幸，也不太敢涉足牛郎店。近年來，由於社會越來越開放，加上牛郎店林立，競爭激烈，家庭主婦和寡居或離婚的女子漸成消費主力，而且年齡層越來越高，一些生意較差的店舉目望去，盡是四、五十歲，甚至年近六旬的「歐巴桑」，都快變成「媽媽樂」。

到牛郎店消費的家庭主婦，以丈夫經常出差或徹夜應酬的富婆為主，她們的錢多，出手大方，一迷上了牛郎，鈔票就大把大把往「乾弟」身上砸，如果兩個女人同時愛上一名牛郎，就喜歡比闊，一個送鑽戒，另一個送勞力士錶，一個送名牌轎車，另一個乾脆送洋房，比來比去，牛郎坐收漁翁之利，歐巴桑卻落得兩敗俱傷，甚至家庭破裂。

台北市警局督察室收到一名「悲情丈夫」的檢舉信，他自稱因工作需要，經常出國談生意，無意間冷落了太太，她偶然間逛進牛郎店，在牛郎身上重獲激情，竟一頭栽進去，經他苦勸，她仍無法回心轉意，他只好透過朋友向牛郎店及牛郎施壓，還取消太太的信用卡，最後她才勉強回到家中，但兩人情感上的裂痕已難補救。

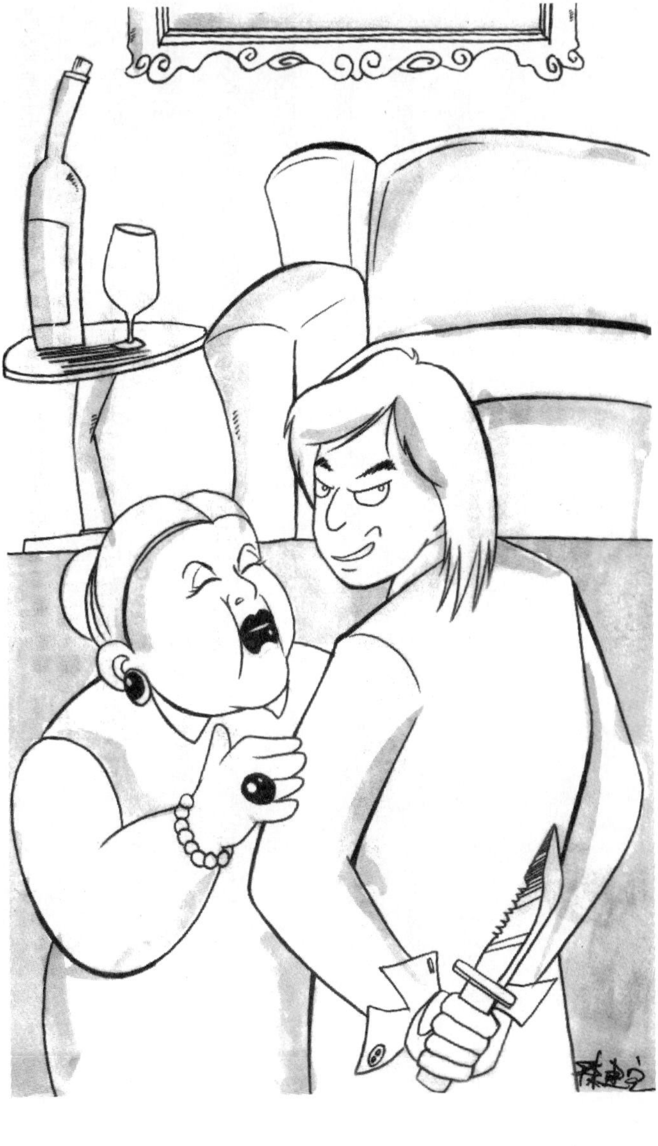

❖警察老婆寂寞難耐，瞞著老公找牛郎

警察成天在外執勤，有些警眷耐不住寂寞，也跑去找牛郎，有一陣子盛傳，台北縣一名中階警官的太太，因爲泡牛郎花太多錢，竟倒了朋友上億元會錢，一走了之，讓丈夫在親友面前抬不起頭；台北市某分局一名女雇員則外傳爲了牛郎，倒會幾百萬元，受害者都是警界同事，她最後被迫離職。

儘管如此，有些女人找牛郎，其實只是爲了想找個男人聊聊天，排解寂寞，不見得都是爲了性。一名李姓牛郎說，他有個高齡六十幾歲的祖母級老顧客，每次到牛郎店來，只是想和他聊天，沒非分之想，他和她的關係，比較像母子，他只負責照顧她，耐心聽她抱怨身體的不適與生活瑣事。

✥玉女明星趕時髦，牛郎店遇臨檢糗大了

牛郎店成爲社會焦點，很多好奇的單身女性也以逛牛郎店爲樂，連玉女明星也來趕時髦。中山二派出所到轄區一家牛郎店臨檢「驚艷」，發現某半息影的玉女明星也來消費，後來她復出拍寫真集，又成爲媒體寵兒。一名自稱父母已移民美國的女留學生，也慕名而來。她遇到警察臨檢，脾氣不小，聲稱在美國，牛郎店到處都是，沒什麼稀奇的，台灣人太教條，過於大驚小怪。

警方臨檢「喜宴俱樂部」時，查獲剛滿廿歲、就讀工專夜間部的酒店小姐也到牛郎店消費，還和牛郎出場姦宿被逮。中山分局臨檢牛郎店時，更發現一名十五歲的女客，她自稱剛結婚，和丈夫到牛郎店逛逛，警察太大驚小怪。警方還經常看到一對漂亮的姐妹花，她們每次到牛郎店，皮包都帶著厚厚一大疊千元大鈔，少說也有一、二十萬元。

牛郎一族，該當何罪？

警察臨檢查獲牛郎，怎麼法辦？女人找牛郎尋歡，犯法嗎？形同「老鴇」，仲介牛郎賣淫的業者，又該當何罪？

根據現行法令，警察到牛郎店臨檢，除非當場查獲牛郎和女客從事性交易，或是查到未成年的「小牛郎」，否則牛郎光陪酒坐檯，並不違法，警方只能登記牛郎和女客的名字予以勸導，業者除非無照或違規營業，警方對他們根本沒輒。

◆嫖牛郎不犯法

警方取締知名的「喜宴俱樂部」，花了大半夜跟蹤出場的女客及牛郎，好不容易抓到他們姦宿的證據，但台灣的現行法令，對賣淫行爲處罰從寬，且男女平等，只要是有對價的性交易，且從娼者已成年，不論男女，嫖客無法可罰；而妓女或男妓被抓，也只能依「社會秩序維護法」第八條：意圖得利與人姦宿，處三日以下拘留，或新台幣三萬元以下罰鍰。

刑法對色情業者的處罰較重。刑法第二百三十一條規定，意圖營利，引誘或容留「良家婦女」與他人姦淫者，處三年以下有期徒刑，得併科五百萬元以下罰金。但好笑的是，當初立法時，沒料到日後連男人都「下了海」，牛郎不是「良家婦女」，怎麼辦？

✿牛郎不是良家婦女，引誘容留牛郎與人姦宿，從輕發落

所幸該法第二項規定，意圖營利，使「人」爲猥褻行爲，罰則同第一項；牛郎明明從事姦淫行爲，但礙於不是良家婦女，警方目前只能當成猥褻行爲法辦業者，但以此爲常業者，罰得較重，處五年以下有期徒刑，得併科一千萬元以下罰金。

上述法令，只能規範十八歲以上的牛郎性交易行爲，未成年的牛郎，適用兒童及少年性交易防制條例。此法規定，警方查獲從事性交易或有從事之虞的小牛郎，應立即聯絡社工陪同偵訊，二十四小時內將牛郎送往緊急收容中心，經法院裁定，將其安置在中途學校，施以二年特別教育。警方在「喜宴俱樂部」查到一名十七歲的小牛郎，就首開先例，依新法將他送到廣慈博愛院，他搞不清楚狀況，還告訴朋友「我馬上就會出來了」。

❖嫖幼齒牛郎罰則重

喜歡嫖「幼齒」牛郎的女人得小心，兒童及少年性交易防制條例規定，與十六歲以上，未滿十八歲之「人」為性交易者，處十萬元以下之罰金；與十六歲以下之人為性交易者，處三年以下有期徒刑，得併科十萬元以下罰金。

新法對牛郎業者的處罰更重：意圖營利引誘、容留、媒介、協助或以他法使未滿十八歲之人為性交易者，處三年以上、十年以下有期徒刑，應併科新台幣五百萬元以下罰金；常業犯處五年以上有期徒刑，應併科新台幣一千萬元以下罰金。

牛郎下海因由多

牛郎店之所以能讓很多女人沈迷不已，甚至搞得傾家蕩產，主因在於牛郎店符合各種需求，各類男人都有。大體而言，牛郎可分成四類：第一大類是「帥哥型」，長得一表人才，看了就叫人心花怒放，帶出去也很體面。

✤牛郎分四型：酷哥、舞棍、貼心、性愛高手

不過帥哥還分兩種，一種是英挺、喜歡耍酷的「酷哥型」。台北市長春路某

家牛郎店以前就有一個紅牌牛郎，身高一百八十公分，留長髮，臉孔有稜有角，像極了日本演員江口洋介，買他出場還得排隊；第二種是喜歡張著大眼睛，像歌星林志穎般光會賣笑的「娃娃臉型」，可滿足有「戀童」或「戀子」情結的某些女客需求。

第二大類是「舞棍型」，這類牛郎可能已年老色衰，但舞技超群，跳起舞來虎虎生風，對愛跳舞或想減肥的女客算一舉兩得。

第三類是「貼心型」，他們可能長得不帥，也不擅跳舞，但會打屁，帶動氣氛，是只想談心解悶的女客的最愛，中山分局以前臨檢牛郎店時曾發現一名高齡六十幾歲的「阿嬤」，她自稱丈夫去世，兒女都在國外，找牛郎純為聊天排解寂寥，和牛郎的關係其實較像母子或祖孫。

第四類則是「性愛高手」，床上功夫了得，可讓長期「食不知味」的家庭主婦體會從來未有的高潮。不過，經過如狼虎的中年女恩客長期摧殘，牛郎再怎麼

強壯，也會「人老珠黃」，高雄市生命線會統計，每星期至少接到兩通牛郎的求助電話，很多人抱怨身體衰敗得厲害，「從良」後只能作些輕鬆的工作。

三成牛郎大專畢業

以學歷而言，警方曾約略統計，取締的牛郎中，百分之三具碩士以上學歷，百分之十一是大學畢業，百分之十六專科畢業，百分之五十二高中畢業，高中以下學歷占百分之十八。值得注意的是，牛郎的平均年齡已逐漸降低，以高中畢業、未服役或剛退伍者最多。

前台北市警少年隊長陳清輝分析，男孩子高中畢業後，如未繼續升學，馬上面臨生活壓力，但因當兵在即，大公司多不肯僱用這些男孩，他們只能投入服務業，做些低薪、短期的藍領工作，但年輕人吃不了苦，偏偏都市的消費水準高，樣樣講究名牌，年輕人把持不住，跟著拜物拜金，有些人仗著體力好，加上好奇，在牛郎業者「免經驗、高薪」的誘惑下當起牛郎。

大安分局查獲的十七歲小牛郎是一例。他濃眉大眼，外貌英挺，家裡經濟情況不錯，父親是獅子會會長，他就是因高中休學在家等當兵，閒著無聊才外出工作，沒想到一頭跳進牛郎圈，但他覺得很好玩，有錢賺，又可認識一大票「乾姐」。

剛退伍的男生面對的是更沈重的成家立業的壓力，在經濟不景氣之際，爲了購屋創業，索性當牛郎，先狠狠撈他一票。中山分局湯姓刑警說，他認識一名憲兵，甚至還沒退伍就先到牛郎店應徵，趁放假時到店內實習。

情場失意，富家子弟當牛郎作賤自己

除了賺錢，有的牛郎另有下海因素。一名簡姓牛郎自稱情場失意，女友遭富家子弟橫刀奪愛，他沮喪之際，心一橫才下海作賤自己，向「錢」看齊。綽號「小寶貝」的牛郎，自稱是孤兒，從小在救濟院長大，不知家庭溫暖是何物，下海當

牛郎，算是遊戲人間。

世貿經理不當，小楊下海當牛郎

一般人總以爲，當牛郎有錢賺，又可玩女人。不過，「小楊」說，牛郎的錢不好賺，不但日夜顛倒，每天以酒洗胃，有些女客醋勁大，佔有慾強，很難纏的。但他說，幹這行的，還是要有尊嚴，和女客話不投機，一切免談。不過，牛郎錢賺得多，揮霍也快，尤其一沈迷於賭，錢很快就輸光，怎麼來，就怎麼去。

三十五歲的「小楊」說話慢條斯理，腦筋很清楚。他說，他原在世貿中心當經理，月薪四萬多元，單身漢一個，餓不死人，不過一旦有多餘的奢求，就變得捉襟見肘。他分析，在台北市，想要買間像樣的房子，穿著「雅痞」些，過著中產階級以上的生活，一個月至少要賺個十萬元，但以他當時的工作及消費支出，這個理想遙不可及。

三十歲那年，他看開了，毅然拋棄「很好聽」的經理不幹，經由朋友的介紹投入牛郎業。當了牛郎，收入的確不錯，陪女客坐檯，每檯一千五百元，他實得八百五十元，如果認真點，一個月湊到一百檯的績效，月入十五萬元總沒問題。但這種錢並不好賺，有些女客醋勁大，硬要霸占牛郎，但「小楊」說，幹這行的，還是有尊嚴，和女客話不投機，還是不會「屈就」，「沒有感覺，一切免談」。

他感嘆地說，他雖未婚，但目前已有固定的女友，她知道他在牛郎店上班，也經常鬧情緒，要他轉業，但爲了兩人的未來，他還是會繼續在這行打滾，等錢賺夠了，再跳出來，娶妻生子，過正常的生活。

玻璃工太廉價，麥可改行賺高薪

同樣卅多歲的牛郎店經理「麥可」，身高只約一百七十公分，眼角已出現魚尾紋，微露滄桑。他底下管十人一組的牛郎，專門替牛郎找檯坐，每檯一千元，

他抽兩百元。

他說，幾年前，他原在桃園一家玻璃工廠上班，每天累得要死，胸部及手指還因工作傷害縫了一百多針，但因經濟不景氣，老闆哪管你死活，月薪永遠只給兩萬多元，只能勉強養活自己，更別說要成家立業。偏偏社會又現實得要命，男人沒錢，就會被看扁，他後來看破了，跑到台北奮鬥，經人介紹，陰錯陽差進入牛郎店。

「麥可」解開襯衫，出示疤痕累累的胸部說，牛郎店全盛期，他人長得不帥，身高又不夠，只能教舞，但一個月下來，至少也能賺個五、六萬元，至於那些夠帥的牛郎，月入十幾萬輕而易舉，生活過得像個董事長。

不過社會不景氣，對牛郎店生意影響很大，牛郎店因「薄利多銷」，生意雖然比酒店好，但獲利有限，有的女客到店裡消費，裝得很凱，叫了一大堆牛郎坐檯充場面，事後簽帳，卻一走了之，損失全要由牛郎及經理負責。如遇到警察臨檢，女客未付酒帳就走，損失有時也要牛郎分攤，辛苦了半天，喝了一肚子酒，不但沒賺到半毛錢，還得自掏腰包。

「麥可」感慨地說，社會對牛郎的誤解很深，老是以爲牛郎和酒店小姐一樣，整天穿得帥帥的，陪女人喝酒跳舞甚至上床，每月輕鬆賺入一、二十萬元。其實真正和女客出場上床的牛郎不多，除非長得很帥，否則月入多半只有五、六萬元，而且喝酒傷身，加上經常熬夜，不好好保養，很容易「臭老」，「職業生命」不長。

我們不是牛郎，我們是賣笑不賣淫的男公關

「不要叫我們牛郎，我們不陪女客上床，單純是陪客人跳舞聊天的男公關，和麥當勞的店員沒什麼兩樣，都是負責讓客人感到貼心的服務業。所以我認爲對得起自己，也不以自己的職業爲恥，即使店都快被抄光了，我照樣要從事這個行

業。」

警方破獲「浪漫一生」牛郎店後，最年輕的牛郎才滿十八歲，他忿忿不平地說，在美國，所謂的牛郎其實就是男妓，但在台灣，通稱的牛郎較像男公關，和酒店小姐一樣，陪客人喝酒聊天助興。不過台灣的道德標準男女有別，一提到酒店小姐，大家不會等同於妓女，但說到牛郎，卻總把他們想成男妓，以致爲數眾多的牛郎毫無社會地位，被掛上「污名」。

他說，不可否認，台灣有很多婦女平時積怨已久，又缺乏固定伴侶，若不找個地方、找人抒發，很難擔保不會做出傷害自己或別人的傻事，牛郎正是迎合這類婦女的心理需求，有其正面的意義，社會不能以牛郎不靠勞力、靠女人吃飯就完全把牛郎打入地獄。

舞蹈老師轉當牛郎，歐巴桑共舞生氣勃勃

另一名已卅五歲的牛郎則表示，說牛郎賺錢全不靠勞力，其實不公平，以他為例，他本來是教小孩跳舞的舞蹈老師，後來才轉入牛郎店教跳舞，並非外人想像得那麼賤，一定要陪女客上床。牛郎店的一名少爺則說，有些女客來店裡真的只是想學舞或找人聊天，他就認識一名七十多歲的歐巴桑，她剛開始來的時候彎腰駝背，老態龍鍾，但和牛郎學舞後，反而變得朝氣蓬勃。

牛郎業者另有說詞。一家已歇業的牛郎店負責人說，風塵女郎、棄婦、姨太太這些社會的邊緣女性得不到大眾的認同，情感沒有依歸，急於抒解內心的苦悶，牛郎就是因應她們的需要，提供一個發洩、談心的對象，有其正面功能，在台灣，女人陪酒的酒店多如牛毛，問題更多，為什麼社會獨不容許牛郎店存在？

中山分局一名派出所主管說，食色性也，男女皆然，牛郎店的出現，是整個

社會太重視物慾，過分拜金衍生的社會問題，光靠警方取締要使其消失，談何容易？「賣海洛因雖然會被判死刑，爲了暴利還是不斷有人冒死販毒，更何況違法開牛郎店這種只會判罰金的小罪」。

他說，牛郎店要是禁得掉，早就絕跡了。既然禁不了，乾脆就選定一個特區，讓業者合法生存，然後嚴格要求公共消防設備及納稅，杜絕黑道介入，並嚴禁僱用少年從事牛郎，倒還實際點。

應召男眾相觀

失業的第一個星期，對四十五歲的李姓商人而言，是這輩子最難捱的一段日子。爲了不想讓老婆擔心家計沒著落，不想讓兒女煩惱可能繳不出學費，他和往常一樣，還是每天西裝筆挺，提著公事包出門，然後買好幾份報紙，坐在速食店看求職廣告，和一堆年輕小伙子競爭月薪微薄的外務員工作。

沒想到，中年轉業竟是如此艱難。當人家知道他大學畢業，原是公司老闆，因經商失敗才重當社會新鮮人時，竟沒人敢用他，連續應徵一、二十家公司，全

都碰壁。沮喪之餘，只好天天壓馬路，在公園呆坐，有家歸不得，像個孤魂野鬼。

狗急跳牆，他無計可施，終於向殘酷的現實低頭，投入名爲「摩登話題」的應召站，當男妓賣肉爲生。以他這把年紀，已開始「力不從心」，和不同的陌生女子上床，有時很難堪。但讓他感觸最深的，是嚴重的自卑及社會的無情。

不過他才接客沒幾次，就被警察「釣」到。當天，派出所員警找女朋友喬裝女嫖客召妓，將男妓釣到賓館，未料發現來應召的，竟是戴眼鏡，身材高大，儀表斯文的李姓商人，警員一時傻了眼，還以爲他走錯房間。

李向警方表示，因經商失敗，欠人一大筆錢，怕拖累家人才下海；直到他被抓，家人還以爲他依舊每天上班，不知他爲了家計「犧牲色相」。更令他難堪的是，他繳不出六千元罰金，隔天還是讓家人帶他回去，形象毀於一旦。

失業率越來越高，堂堂男子漢改當應召男

台灣社會不景氣，失業率年年創新高，大學甚至研究所畢業不再是就業的保障，失業的碩士、博士滿街是，更不用說高中畢業生。對於有穩定職業的人，失業率高、工作難找這類的話題，遠在天邊；但對於失業者，尤其有家室兒女的一家之主而言，可感觸良多。因工作難找，加上薪水只夠溫飽，越來越多的失業男子投入應召業，躲在社會的陰暗角落求生。

第一類應召男：剛退伍或當兵前的年輕人

大體而言，時下的應召男分爲四類。最常見的是當兵前或剛退伍的年輕人，這類人之所以應召，除了失業或無一技之長外，對性好奇也是主因。台北市警中山分局曾釣到一名十六歲的高職輟學生，他說他應召，一方面是因找不到錢多的

工作，一方面是想拿陌生女子「試試身手」，當有女客稱讚他「很行」時，他感到很得意；不過，他老爸對兒子這種離經叛道的新人類作風，可火大了，直說要斷絕父子關係。

第二類應召男：有女人玩又可賺錢的勞工階級

第二類應召男是身強體壯的勞工階級，他們不但靠賣淫賺錢，也藉此發洩性衝動。中山分局查獲的另一名男妓平時是搬運工，且高齡五十二歲，他從娼的原因很簡單，就是「有錢拿，又有女人玩，不必花錢嫖妓」。

第三類應召男：兼差賺錢的牛郎

第三類應召男則是在牛郎店陪酒伴舞的牛郎。二十四歲的邱姓應召男晚上在一家牛郎店上班，白天兼差賣淫，他自稱在牛郎店常被迫拼酒，非常傷身，應召賣淫則省事多了。台北市大安分局曾破獲一個以牛郎爲班底的應召站，旗下的應召男要求很嚴，應徵者限十八到三十歲，且要家世清白、無前科、健談、幽默。這類應召站通常較難釣，他們接到召妓電話，會問東問西的，警方有時要請經過訓練的女警、女眷或風塵味很重的酒店小姐假扮女嫖客，才能奏效；不過，警方請酒女打電話釣男妓，可得比照坐檯付費，四十分鐘一千元，若成功可換來一支嘉獎。

✜第四類應召男：失業中年男子

第四類應召男則是類似李姓商人的中年失業男子，他們雖然多少仍能從交易中得到男性快感，但有嚴重的自卑感，不管是體力或精神方面。說起來令人感慨，也有下肢略爲不便的男子，下海從娼。中二派出所曾釣到一名男妓，他小時候得過小兒麻痺，只有高中肄業，他自稱找工作老是碰壁，才不得已從事這麼卑賤的工作。警方後來送他到性病防治所檢查，竟發現他是愛滋病帶原者。

和女應召站比起來，時下的男應召站規模小多了，只要一支經轉接的電話，在報紙刊登「賣根」、「酷男」、「男師按摩，舒筋解勞、治痠痛」等曖昧的廣告，就有女客上門，其中以風塵女子及歐巴桑型的富婆居多。

大專畢業男妓，細數工作辛酸

大專畢業的杜姓男妓說，嚴格來講，男妓有別於牛郎，後者固定在牛郎店上班，工作時間長，要看女客臉色，且常要拼酒，累得多，但收入高，和女客出場性交易每次代價動輒上萬元。男妓的工作簡單多了，主要還是靠「本錢」吃飯，短短數十分鐘，辦完事就可拿錢，不過和應召女相比，男妓行情較遜，一次代價只有三、四千元，且和應召站五五或四六對分，實得不到二千元，有些男妓不堪應召站剝削，成了「個體戶」，自己刊登廣告攬客。

杜姓男妓說，一些涉世未深的小伙子誤以爲應召男收入很高，使得詐欺集團有機可乘，假應徵男伴遊，詐騙保證金，通常被騙的，以高中生、大專生及剛退伍的男子居多，離職的小公司職員其次，甚至連職業軍人也因想兼差賺外快而受騙。

❖男伴遊詐欺集團，騙人有一套

這類詐欺集團犯案的第一步，會申請一支電話，並轉接拉線，逃避警方的追查；第二步，就是登報應徵負責接聽電話及收錢的業務員，有時還會僱請女子扮演女客。公司成員找齊了，開始刊廣告應徵男伴遊，約「凱子」見面，言明得先繳保證金數萬元或同值的財物，然後以需要受訓或其他理由，打發他們回家等候通知。

有些詐騙集團收了保證金，由成員扮女客取信「凱子」，要他們到某地應召，

結果當然撲空，到頭來騙局一場，連伴遊公司的電話都打不通，求訴無門，即使報警，也常只能抓到業務員，詐欺集團的首腦通常逍遙法外，而且會申請新的電話，換新的地方再騙。

十七歲的王姓少年身受其害。王就讀台北市某專校三年級，由於平時花費太兇，加上對「性」懷著過多的幻想，暑假閒來無事，他看報紙廣告，應徵美其名爲「男伴遊」，實爲應召男的工作，心想有錢賺，又可大享艷福，一舉兩得。

伴遊公司聲稱這個工作免經驗，只要陪有錢的女人逛街上床，輕輕鬆鬆月入數十萬元，但要先繳三萬元保證金，交了錢，公司馬上就會介紹女客，保證金一下子就可賺回。王不疑有詐，向地下錢莊借了錢，和伴遊公司派來的業務員「小陳」，約在一家速食店見面。

「小陳」告訴王，待會兒繳了錢，剛好有生意上門，某飯店套房內，一個「凱子娘」正等著人服務，一天報酬六萬元，剛好是保證金的兩倍，爲了取信於王，

「小陳」馬上打了一通電話給女客戶，叫她向王證實要找男伴遊，王繳了保證金，飛奔到飯店「接客」，但撲了空，他打電話到伴遊公司，也沒人接，他才恍然大悟，「小陳」、女客都是詐欺集團的成員，而伴遊公司根本子虛烏有，光靠一支電話，詐騙保險金。

新都市遊俠

「小姐，妳好，我是帥哥俱樂部，我們是算節的，這是我的名字和呼叫器，有沒有興趣到對面的咖啡廳聊聊？」

八十七年春天，台北市的牛郎店被警方掃蕩殆盡不久。每到深夜，台北市東區的ＡＴＴ等多家服飾百貨店打烊前後，總有幾個打扮時髦、渾身散發古龍水香味的男子等在店外，叫住剛「血拼」採購完的年輕小姐，然後拿出便條紙，寫上洋化的「花名」和呼叫器，遞給對方並極力搭訕。被搭訕者常會楞一下，以為這是死纏爛打的泡妞新招，罵了幾句「無聊、神經病」後離去。

有的小姐較害羞，或好奇心重，一看到帥哥，會停步聽對方講下去，甚至真的相偕到咖啡廳聊聊，才發現對方不是想泡妞的無聊男子，而是「站壁」拉客的牛郎。雖然在日本東京街頭早就出現這類牛郎，但在台北還是首見，台灣省也是空前，這是台北市警方強力掃蕩牛郎店後，牛郎業未來發展的新趨勢。

❖牛郎店被阿扁市長掃光，牛郎夾縫求生

台北市是牛郎店的發源地，原本欣欣向榮，光是在林森北路一帶就有十多家店，但自從陳水扁當選市長後，大力掃蕩色情行業，所有的牛郎店在八十六年底全數被勒令歇業斷水斷電，即使暗中接水電復業，也很快被抄掉。

失業牛郎爲求生存，有的移轉陣地至鄰近的台北、桃園縣甚至中南部，有的則到處打游擊戰。一名開過牛郎店的女業者就明白指出，台北市的牛郎店已從中

山區轉到東區某些巷內的小餐廳或PUB，牛郎照樣坐檯陪酒，動輒上百人的全盛時期已不復見，且多半不收坐檯費，只賺開酒費，對牛郎的身體傷害更大。

所謂窮則變，變則通，牛郎店沒有固定營業場所，並不代表牛郎就此絕路，某些「大班」於是帶著牛郎店的舊班底走出戶外，選定忠孝東路四段一帶的服飾女裝店爲拉客地點，採「一對一」的方式向路過的婦女搭訕，一旦女方有意，就帶往附近的咖啡廳商談交易。

牛郎站壁拉客，營業項目多

據了解，深夜在東區「站壁」拉客的牛郎和西門町的流鶯不太一樣，他們不是專門從事性交易的男妓，而是「伴遊先生」，只要付得起高額的伴遊費，就可帶著外貌英俊、穿著體面的牛郎到處唱歌、跳舞、吃飯，或是浪漫一點，到貓空、九份喝茶聊天，甚至遠赴阿里山、墾丁散心。

專職上街拉客的牛郎「史蒂芬」說，以他們「帥哥俱樂部」的收費標準，伴遊每小時二千元，每節兩小時計費，十二小時算一個「外全」，打七五折收一萬八千元，若一次買兩天四個「外全」，也是七五折酌收五萬四千元；若是和客人私下性交易，則純屬牛郎個人行爲，另外收費。

不過，由於台灣的女孩子較害羞，一遇上牛郎當街拉客，通常會拒絕，即使拿了牛郎的電話，也不見得會聯絡；有的牛郎不喜歡「拋頭露面」，改到中泰賓館的KISS等大舞廳或知名PUB拉客，他們看中的不外乎是：出入舞廳的女孩子較開放，也較有錢，不用多費唇舌就可成交。

史蒂芬說，有的牛郎俱樂部甚至在香港的報紙刊登廣告，來台觀光的香港女子可事先「訂貨」，當然，除了鐘點費，所有旅遊費也由對方支付。不過，不管是在街頭或舞廳拉客，警方除非當場查獲性交易證據，否則很難取締拉客的牛郎。

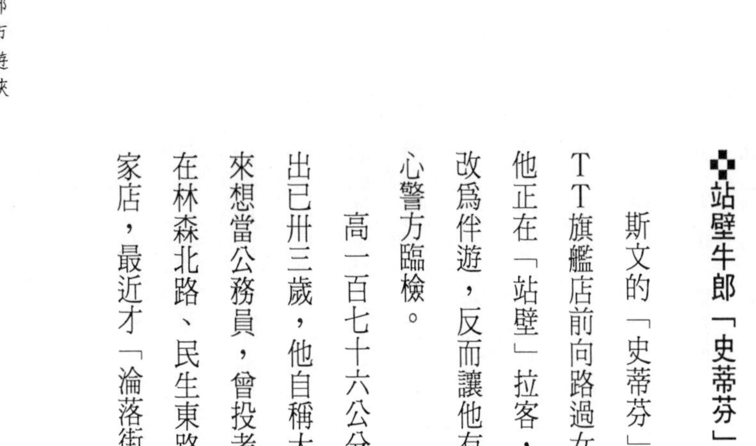

站壁牛郎「史蒂芬」的第二個春天

斯文的「史蒂芬」一身黑，套上米色休閒西裝，深夜站在忠孝東路四段的ＡＴＴ旗艦店前向路過女子搭訕，若非渾身散發牛郎特有的古龍水香味，很難想像他正在「站壁」拉客，雖然被迫拋頭露面，他卻處之泰然，認爲牛郎工作由坐檯改爲伴遊，反而讓他有機會到外頭透透氣，曬曬太陽，更重要的是，再也不用擔心警方臨檢。

高一百七十六公分的「史蒂芬」皮膚很白，說起話來有點書卷味，完全看不出已卅三歲，他自稱大學畢業，剛出社會時當公司業務員，但收入實在太少，後來想當公務員，曾投考書記官，但落榜，最後才在朋友介紹下投身牛郎業，起初在林森北路、民生東路口的「仙境」俱樂部，後來因警方抄得太兇，輾轉換了幾家店，最近才「淪落街頭」。

「史蒂芬」說，以前待在牛郎店時，工作時間從午場、夜場延續到消夜場，有時一待就是十五個鐘頭，工作早已形式化，暗不見天日，酒又喝得兇，皮膚看起來死白，沒什麼生氣。

「史蒂芬」說，直到所有的牛郎店被警方抄光了，大班於是帶著他和一群班底組成「帥哥俱樂部」，大家辛苦一點，到東區拉客，雖然生意比以前差，但有機會陪客人到處走走，又不用每天拼酒，他身體健康多了。

雖然沒有固定營業場所，但「史蒂芬」說他們並非個體戶，一切要聽大班指揮，拉客採「一對一」，不能搶客人；一拉到客人，就要報告業績及行蹤，收入和大班分，大班偶爾也會介紹老客戶給底下的牛郎伴遊，各取所需。

年紀不小了，是否想定下來？「史蒂芬」說，「當然我也想結婚，但做我們這一行的，談何容易」，他欲言又止，但強調，基於職業規範，他不會愛上女客。說起牛郎業未來的前途，「史蒂芬」理直氣壯：「我們不偷、不搶，牛郎到底也

算是種職業」。他說，陳水扁執意掃蕩牛郎店，是走回專制的「奶嘴文化」，市長自以爲傷風敗俗的，就也要強迫別人接受其觀念，取締牛郎店根本於法無據。

（註：本文和馬淑華小姐共同完成）

地圖四

風塵女大掃描

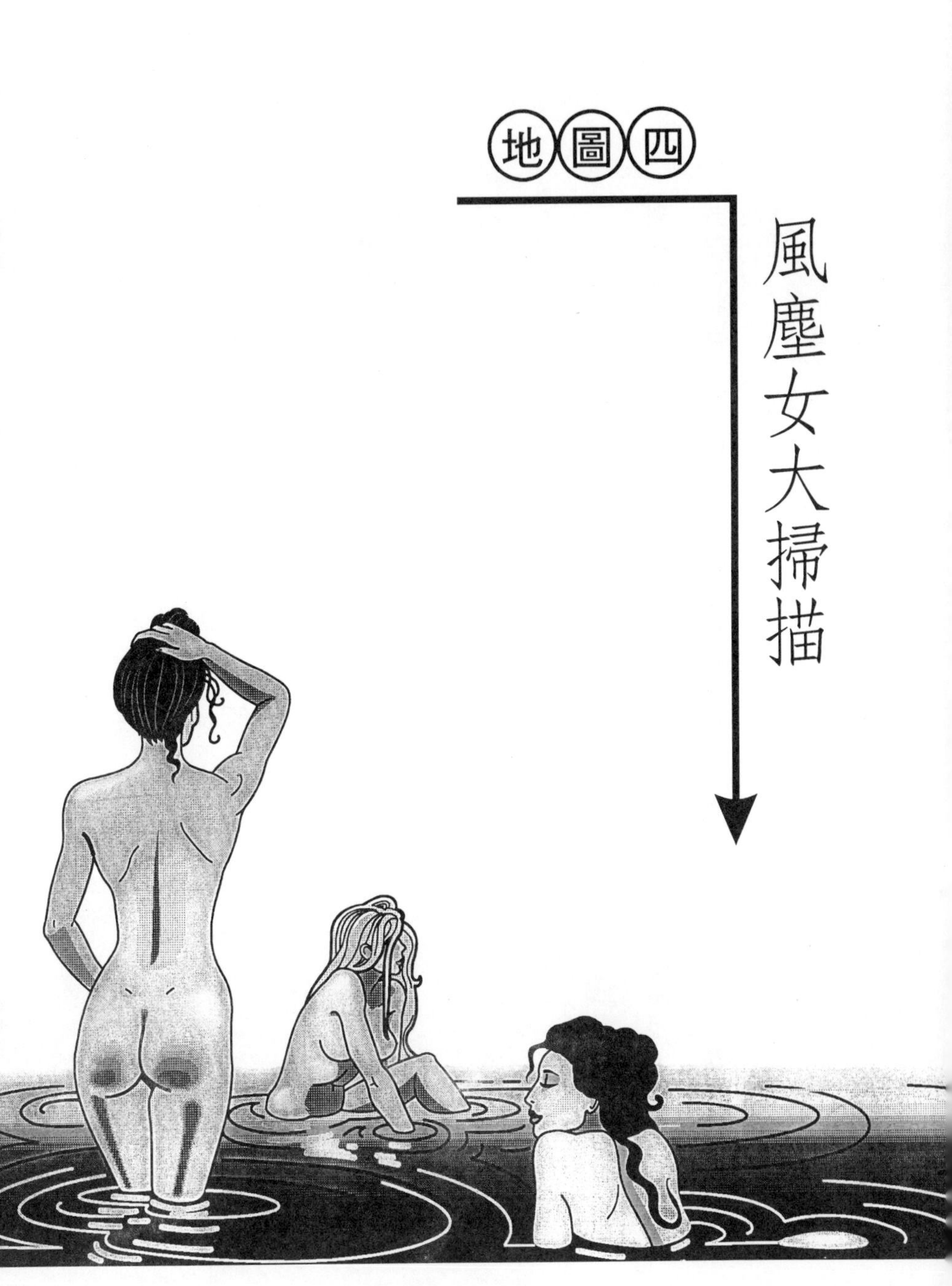

她們寧爲雛妓？

深夜。「小珮」的媽媽還在阿公店酒家陪酒賣笑，前科累累的哥哥也不知跑到那裡鬼混，只剩她獨睡家中。朦朧中，床邊的呼叫器響個不停。生意上門了。趕緊回電話。「老頭」告訴她，待會兒到台北市東區一家小賓館接客，這次遇到個凱子，一次八千元。

「小珮」昨晚和一票在外租屋、男女雜居的「晚九朝五族」瘋到天亮，難得回家一趟，一直補眠到深夜。接到應召電話後，她熟練地用名牌服裝和化妝品，把自己打扮得看不出只有十四歲，然後穿上高跟鞋，戴上假髮，坐計程車直奔賓館。

男客長得虎臂熊腰，動作粗魯，噁心得要命。男人都是這副德性。她故意大聲叫痛，逼他草草結束。拿了錢，立刻衝到中興百貨前的地攤，狠狠買了一件昂貴的裙子，去除剛剛心中的不潔，再邀幾個姐妹淘，一起到PUB飲酒狂歡。

一年前，「小珮」十三歲時，開始這種生活。她自幼父母離異，媽媽爲了撫養她和哥哥，被迫到酒家上班，晚九朝五，忙著賺錢，回家的時候都在睡覺。「小珮」人長得不頂漂亮，身材卻早熟，由於讀不下書，家裡又沒人管，升國二的暑假，她像脫韁野馬，成天蹺家在外面玩樂，並在酒吧先後認識了幾名少年，才幾天就和對方上床。

小女孩愛美，又崇拜名牌，見到喜歡的衣服就想買，偏偏蹺家又缺生活費，在偶然的機會中，她經朋友YSL小姐介紹，應徵在報紙登廣告的「女兼職公

司」，從此輟學，投入綽號「老頭」男子主持的應召站工作。不到一年內，她已賺了超過一百萬元。

「小珮」後來把蹺家的同班死黨「小婷」也拉下海，兩人曾同時和一名男客進行性交易，爲的只是錢。她們還曾向周姓女同學恐嚇取財，周女交不出恐嚇金，兩人便把周女押起來，脫光對方的衣服，予以綑綁痛打，還用鹽水澆傷口，極盡虐待，最後還強逼周女賣淫，由「老頭」先「驗身」猥褻周女，周女僥倖逃出，由母親陪同向台北市警少年隊報案，警方傳訊「小珮」、「小婷」，並找到涉嫌準強姦的嫖客、「老頭」和仲介性交易的賓館老闆及女侍，將一干人移送法辦。

承辦本案的警官表示，在台北市及其他都會區，類似「小珮」這種「自願」賣淫的雛妓越來越多。尤其一到暑假，這種少女更是多得抓不勝抓。

台灣有多少雛妓？四到六萬人

台灣到底有多少雛妓？「自願」從娼者又占多少？勵馨基金會的研究指出，台灣地區從事色情行業的女性總數在十三萬到二十三萬人之間，十八歲以下的少女約有四萬到六萬人。聯合國兒童基金會八十三年更發表報告指出，台灣共有十萬名雛妓，對政府形象殺傷力很大，當時的省主席宋楚瑜馬上反駁說，聯合國憑空的說法，是對台灣男人的侮辱。沒多久，內政部急忙澄清，指台灣約只有雛妓三千；但計算方法，也是不清不楚。

不管台灣的雛妓數目是十萬、六萬或三千，可預見的是，「自願」從娼的雛妓越來越多。台北市社會局曾統計，警方查獲的雛妓中超過九成非被迫從娼；而且百分之八十七不是原住民。雲林教養院同期收容的三百多名雛妓中，也有四分之三是非被迫從娼。

少女自願從娼原因：家庭推力與社會拉力

為何台灣「自願」從娼的少女越來越多？學者常用「拉力」與「推力」兩組原因說明。台灣正值由傳統邁向現代的轉型期，問題家庭與日俱增，小女孩因缺乏父母照顧，易受男人性傷害，產生自責、羞愧、污名、性規範混淆的心理陰影；有的則是在家中遭父母虐待，甚至被亂倫強暴。種種因家庭不溫暖直接或間接造成的創傷，積到某種程度，少女常被迫蹺家逃避，被「推」到靠近色情陷阱的地方，利用身體賺錢求生。

小女孩蹺家在外，不見得非要從事色情行業，必定有某種無形的力量「拉」著她們一頭栽進去。台灣成人社會盲目的拜金主義與崇尚名牌，容易污染小孩的思想，使她們認同以賺錢多少來肯定人的成就；以購買名牌來彰顯自己的身分。然而社會何其現實，區區十幾歲的女孩，憑勞力賺得了多少錢？這時，如果受到同儕慫恿，或色情業者廣告的誘惑，她們很快就會被拉進人肉市場，當「物質女孩」賺取「輕鬆錢」，滿足高漲的消費慾望，贏得周圍同伴虛幻的讚揚。

❖雛妓其實無所謂自願從娼

正因爲外界有「推力」與「拉力」兩股力量左右少女的思想與行動，所以她們其實無所謂「自願」從娼可言。沈美貞律師的研究指出，少女非被迫從娼的原因，可能是因被人引誘，受到社會「笑貧不笑娼」風氣影響，貪圖享受；或親友從娼，自幼習以爲常，不覺可恥；也有的是因爲家貧或突遭災變，從娼改善家計；最常見的是因家庭破碎、父母管教不當或曾遭強暴，逼得少女逃家，賣淫謀生。

沈美貞強調，未滿十八歲的少女雖非被迫從娼，但她們因身心未臻健全，容易受到外界影響，法律本來就不承認她們有完全的行爲能力及性自主決定權，所以對她們而言，根本無所謂「自願」從娼，國家絕對要強制保護。

更何況未成年賣淫，對少女身心的戕害尤其嚴重。很多少女才十二、三歲、未發育完全就應召接客，過於頻繁的性行爲，嚴重影響她們的發育和健康，婦援會接觸很多雛妓就發現，她們的身高常比一般少女矮。此外，老闆爲了迎合男客，常不准她們戴保險套，使她們因懷孕而墮胎和得性病的機率增高，易導致終生不孕。

非被迫從娼的少女因月入豐富，無人約束，賺多少花多少，容易日夜顛倒，耽於菸酒毒品，不懂得保護也不在乎殘害身體，加速老化。更重要的是，從娼讓她們自卑，對未來無望，影響日後的感情生活和正常婚姻，製造出更多的問題家庭和下一代。

雛妓家庭問題多！

大家常說，生女孩較好，因為不容易變壞。這話只說對一半，和男孩相比，女孩的確較乖，但一旦她們淪為雛妓，帶來的問題比男孩還麻煩；她們和飆車少年一樣是令人難以理解的新新人類，背後都有坎坷的成長背景和心路歷程，要大人花更多時間去關心、了解。

要了解雛妓，得先深入了解她們的家庭。政大心理系教授陳皎眉曾針對台北市廣慈博愛院收容的五十八名雛妓調查指出，從娼少女較多生長於單親或破碎家

庭，她們雙親亡故、分居、離婚的比率較一般少女高；父母的結合常不具婚姻關係。就家庭經濟而言，廣慈少女多自認家境普通，但家境清寒或窮到要靠人救濟者很少。

家境不好又遭虐待，少女最易從娼

出生貧窮、單親家庭，不見得是雛妓產生的溫床。不過，一旦家境不好，又常遭父母虐待，女孩從娼的可能性就大為升高。學者黃淑玲八十一年深入訪談廣慈及斗南女子習藝所的三十九名雛妓，發現高達二十九名少女常被父母毆打，而且嚴重到「吊起來打」、「用鍊子綁在床上」、「打到流血」、「打到脫臼」、還「拿菜刀追殺」。

兒童時期遭受性暴力，更是少女從娼的重要背景因素。陳皎眉研究發現，有三分之二的廣慈少女在淪為雛妓前即已和人發生過關係，而且近二成是被強暴；

黃淑玲的研究中，更有近四分之三的雛妓曾遭父兄、鄰居或陌生人強暴或性騷擾，並從此常作惡夢，感到自己很賤，很髒，開始蹺家逃學。

黃淑玲指出，青春期的少女，最需要家人呵護關愛，但多數從娼少女卻一再承受父母離婚、死亡、酗酒、賭博、虐待及性暴力的陰影，有三分之二的女孩蹺家，求助於同病相憐的「不良少年」，跟著出入不良場所，打架互毆，學會抽煙、喝酒、吸毒、打電玩等惡習，成爲父母師長眼中的「壞女孩」，被拒於千里之外，最後被誘墮入色情行業。

雛妓自我評價低，既自卑又悲觀

從娼少女的成長背景，會影響她們的價值觀。陳皎眉指出，廣慈少女的自我評價比一般少女低，她們常覺得「自己無法做好任何一件事情」，另一學者王秀絨也發現，從娼少女多具有不健全的人格，自信心低，較自卑與悲觀，這可能和她們不幸的家庭背景和成長經歷有關。陳皎眉還發現，有不少從娼少女企圖自殺了結不幸的遭遇。

拜金女孩，雛妓金錢至上？

廣慈少女也比一般少女有較明顯的「拜金主義」和「金錢至上」觀念，她們認爲「大家較喜歡有錢的人，有錢就會快樂、解決任何問題、讓別人看得起」；「沒錢是可恥的，就會生活淒慘」。受到拜金主義影響，她們較同意工作的價值在於賺錢多寡，「只要能賺錢，任何工作無論好壞都可以做」。

不過，有些少女從娼還是爲了抒解家庭困境。這些少女認爲孝順父母就是順從父母，聽父母的話，「爲了替父母還債，我可以從事任何職業」。這種一味順從父母的孝道，讓她們不辨是非地接受父母偏差的價值觀，進而無怨尤地接受父母對她們的不合理待遇。

收入高又自由？雛妓看待工作沒前途

她們又如何看待自己的工作？五成五的人覺得從娼這份工作可帶來豐富收入，而且很獨立、自由；有一半的人覺得這份工作沒前途，另一半人則相反；此外，四分之三的人不喜歡別人問起她們的工作，表示她們內心深處還是羞於從娼。

不過，儘管如此，「自願」從娼的少女如無外力介入，短期內很難脫離娼妓的生活圈子，原因有四：第一，她們不想回到沒有溫暖、充滿暴力的問題家庭；第二，習慣金錢充裕的生活，無法再適應收入低、工時長、既累又單調的工作；第三，有些女孩患有毒癮，自認無藥可救，怕回到正常社會遭排擠歧視；最後，有些人根本不覺得這行業有啥不好，覺得日子過得很舒服、快意、刺激。

性是髒的，雛妓性觀念被扭曲

受到性暴力及從娼經驗的影響，廣慈少女對性較持負面看法，認為性是髒的，是洩慾的手段，她們的性態度也較隨便，不認為只有成人和夫妻間才能發生關係，這種態度也反映在她們的婚姻價值觀，她們認為「只要兩情相悅，即使沒有結婚也可以生活在一起」、「只要隨便找個人結婚就可以了」，不認為「結婚應該找個與自己個性相合的人」。

陳皎眉的研究中有一項值得注意的發現，約七成的廣慈少女不認為命中註定要從娼，高達近九成的人表示若重新選擇工作，會改行，雖然她們認為自己在「一技之長」與「教育程度」方面比不上人家，但她們對未來還是有憧憬，與一般少女無異。

色情版狡兔三窟

「扭臀擺腰賣春女，淫聲浪語爲君啼」、「袒裎相見、予取予求」、「一千五百元有找。高『性』能『慾』女」……很害羞，又不常瀏覽報紙廣告的女孩，哪天不小心翻開某些報紙或雜誌分類廣告，密密麻麻、極盡挑逗的文字，會看得人臉紅心跳，像看黃色小說。

不過，看在某些男人眼裡，這些誨淫誨盜的廣告是「消暑聖品」，一不小心就會受誘掏出大把鈔票，走上「色情之旅」。

❖色情廣告一年三十多萬件，只取締三分之一

台灣色情廣告氾濫的程度，出乎一般人的想像。新聞局八十四年委託政大廣告系做的評估報告指出，台灣平均每日各報刊登的色情廣告共有九百一十六點五件，全年計有三十三萬多件，但是新聞局八十三年取締各類媒體刊登的違法廣告件數，總共也不過十一多萬件，不足阻嚇色情業者。

❖色情廣告分二類：拉客與徵才

細分色情廣告，不外乎兩類：一類慫恿男性消費，內容強調女體的誘惑，字眼大多猥褻不堪；一類則引誘女孩投入色情行業，爲了解除她們的心防，這類廣告乾淨得多，以「工作輕鬆、自由、免經驗、日領高薪」爲訴求。

刊登色情廣告的業者也可分成兩大類，其一，是色情酒店、ＫＴＶ、舞廳按

摩院、茶藝館、俱樂部等「掛羊頭賣狗肉」、暗藏猥褻行爲與性交易的特種行業；一是純粹的應召站。以少女爲消費及求職對象的應召站廣告，訴求較保守，它針對嫖客的廣告常說：「我們是一群兼職女孩，白天上課拍廣告，兼職是爲了多賺錢，二十四小時外出預約服務」，針對求職少女的訴求更簡單，通常才二、三句，如：「女兼職，日領」。

◆色情廣告代表應召站，警察扮嫖客釣應召女

經營應召站很簡單，一個人，一支電話，頂多再請個跑外務的收費員，就可坐享其成，日進斗金。應召站老闆接到少女的求職電話，通常會先約她見面，並先行「試用」和她上床，認爲她沒問題再給她一個呼叫器，設定聯絡代號及暗語。生意上門，就呼叫她到某賓館或飯店和男客交易。

交易完，向男客收了錢，少女要再按規定和應召站聯絡，約定時間把應召站

抽得的錢（從三成到五成）交給收費員，他再把錢交給老闆。爲了怕被出賣，收費員多不知道應召站在何處。

某些高級應召站會派司機護送女孩應召，保護她不被男客「乾洗」白嫖，等從她手中接過錢後再離開。有的應召站省麻煩，會叫應召女直接把錢匯到銀行帳戶。這個帳戶連同應召站的電話，常以失竊和變造身分證申請以逃避警方追查。

如果一支電話就代表一個應召站，而每個應召站旗下都可能有雛妓，從應召站廣告數量來看，台灣潛藏的雛妓人數相對驚人。不過，出現在廣告中的電話號碼，雖說是引誘嫖妓、從娼的媒介，卻也提供警察取締的線索。

轉接又拉線，應召站電話玄機多

警察最常用的方法，就是假冒嫖客，打電話「釣」出雛妓，再循線抓收錢的外務員，並一路直搗應召站；不過，由於應召站的電話常暗藏玄機，經過轉接拉

線，狡兔三窟，警方想破應召站，可沒那麼簡單。

時下應召站通常會先將電話申請到一間租來的空屋，再請電信局將來電轉接到另一空屋，再從此地拉線到應召站所在，避開警方追查。有些應召站神通廣大，甚至有辦法混進電信局的交換機房，暗中將申請的電話轉到相同區號（前三碼）的另一支空號上，再拉線銜接到相鄰區號的另一支空號電話，跳到另一區，以此類推，越跳越遠，一支登記在永和的應召站電話，很有可能被遠跳到士林接聽。

尤有甚者，應召站甚至可在電話終端設通信發射站，將來電轉到二哥大，即使警方查到電話所在，也很難找到拿著二哥大跑來跑去的應召站老闆。目前由於警政首長對於查緝應召站工作給予的鼓勵太少，在吃力不討好的情況下，基層員警多不願費時耗力找出應召站，將色情業者一網打盡。

越來越多少女受誘跑單幫賣淫，報紙廣告的確要負相當責任，談防治雛妓，新聞局要先針對報紙積極掃黃，重罰刊色情廣告的色情業者及媒體。經由婦女團體大力推動通過的「兒童及少年性交易防制條例」，就規定媒體刊色情廣告被查獲，可處三萬至四十萬元罰鍰；刊廣告的色情業者更可處一年以上、七年以下有期徒刑，並得併科一百萬元以下罰金。

墮入火海　爲何來？

「自願」從娼的少女雖然越來越多，但大抵都還停留在兼差、跑單幫的模式，完全以雛妓爲主、企業化經營的應召站還很少見，不過，正由於這些少女動向不定，政府要完全掌握她們的人數，並進而查獲她們就格外困難。

第一種雛妓：應召站旗下游走賣淫

「自願」從娼的少女可分成三大類，第一類少女透過色情廣告投入應召站，

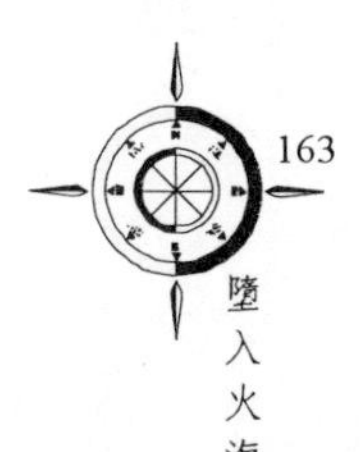

游走各賓館間應召。大體而言，不同區域的應召女，接不同類的男客，價錢也不同。以台北市爲例，在西門町、華西街一帶應召的雛妓，男客多是老人、工人，每次交易不過二、三千元；中山北路、林森北路一帶的雛妓，應召客以外來觀光客居多，每次五千至八千元；東區的雛妓最高級，應召客不乏衣著光鮮的生意人，出得起一次一萬元以上的價錢。

❖第二種雛妓：自營個體戶

第二種雛妓是「個體戶」，直接經由電話交友中心、賓館女侍（俗稱女中）接洽男客，或直接站壁當流鶯，或在PUB內和陌生男子搭訕，看對眼就拿了錢，和對方上床。七十九年，北市少年隊查到年僅十一歲，才國小五年級的雛妓「小芳」就是個很特殊的案例。

「小芳」是私生女，父親已有家室，把她丟給母親，母親又丟下她離家出走，

「小芳」和年邁的祖母同住，經常蹺家到電動玩具店晃，店裡的男客看她缺錢，有時就會帶她出去吃飯，進而上床，一次給她一千元，久而久之，她沒錢就到電玩店樓下站壁拉客，誰出得起錢她就和誰上床，小小年紀，已歷盡滄桑。

有些不肖父母，甚至自己開應召站，推女兒下海。「小珊」國小畢業後因家貧未升學，在超商打零工幫忙家計，由於父母待她太苛，她數度離家出走，但都被父母找回。兩三年後，她家裡開超商，她看店時認識一名高中生，兩人交往一個多月後分手，只是純純的愛，未發生關係。

後來超商倒閉，「小珊」爲了幫父母還債，答應從事色情按摩，老闆就是爹娘。她的第一次就在應召第一天獻給陌生的男人。由於不懂性事，她應召時不曉得要求客人戴保險套，也未吃避孕藥，警察問她難道完全不擔心，她搖搖頭：「有什麼辦法，遇到再說」，她父母教她賺錢的「技巧」，卻不教她自保之道，警方無奈地問她「他們這樣對妳，妳怎麼還這樣傻」。

✤第三類雛妓：酒店公主

第三類則是經由在KTV酒店、俱樂部當公主，進而受誘轉爲坐檯陪酒的公關小姐，最後出場陪宿，這是目前台灣最嚴重的少女從娼模式。八十四年四月，台北市少年隊在「玫瑰之夜」酒店查獲的十二歲、就讀國小六年級的「小茹」瞞著父母在酒店當公主，晚九朝五，最後被一名公司小開看中，以四萬元的高價帶出場姦宿，她還因此染上梅毒，酒店業者作孽之深，令辦案人員痛恨。

有些熟客懶得帶出場，乾脆在外金屋藏嬌，包月養個酒店小公主，她下班後有空，就得陪他上床。北市少年隊查獲一名家世很好的少女，她因蹺家墮入酒店，進而和某公司大老闆同居，對方給她的「月費」連同工作所得，每月高達六十萬元，這種天大的誘惑，叫她如何抗拒？

嫖客比雛妓更該罰

英國知名影星休葛蘭在美國召妓被逮送法辦，全世界媒體拿此話題來炒作，鬧得滿城風雨。如果他「犯案」的地點在台灣，可就不會這麼淒慘。因爲我國的社會秩序維護法八十條規定只罰妓女，不罰嫖客。

換個地方，假如休葛蘭在中國大陸嫖妓，包準被整得很慘，在以前，他可能被判到邊疆養雞，他的護照也會被蓋個大大的「淫蟲」兩個字，在現在，中共更狠，乾脆通知他的老婆（如果他有的話）來交保。

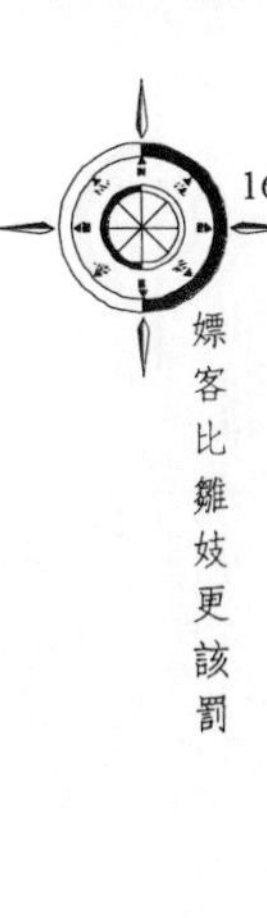

嫖十六歲以上雛妓不罰

如果休葛蘭不小心嫖了個十六歲到十八歲的雛妓，在台灣也不罰，因為雖然刑法規定少女十八歲才算成年，但她們到了十六歲就能為自己的性行為負責，所以嫖這年紀的女孩也不犯法。如果嫖的是十四歲到十六歲的少女，頂多犯上「姦淫幼女罪」，雖可判一到七年有期徒刑，但這是告訴乃論，少女家長若太貪財或礙於顏面，常私下和嫖客和解。

嫖十四歲以下的少女犯的是「準強姦罪」，可判五年以上有期徒刑，但也是告訴乃論；不過，修正後的兒童福利法特別規定，嫖十二歲以下的少女還要加處三萬到十萬元以下罰鍰，並公告其姓名，並施予輔導教育。

以前我國的法律不罰嫖客，尤其不對嫖雛妓的男人公訴追究刑責，其實是很不可思議的事。就嫖雛妓而言，少女是被害人，一被抓到，馬上要送到廣慈博愛院等機構強制輔導至少半年；而嫖客是加害人，且心態可能比雛妓更有問題，更需要拘禁輔導，但他們到最後卻頂多賠錢消災，非常不公平。

❖兒童及少年性交易防制條例：嫖幼齒者剋星

爲此，一些保護雛妓的婦女團體、學者和立委幾年前開始推動「防治雛妓條例」，主張對雛妓嫖客公訴科以刑罰，經過朝野協商，該法改爲「兒童及少年性交易防制條例」，八十四年三讀通過，雖然未如預期得以一律公布嫖客姓名照片，但還是規定採公訴罪，與未滿十八歲的少年從事性交易者，得處以十萬元以下罰金；嫖十六歲以下少年者，還要處三年以下有期徒刑，並上兩性課程，矯正「吃幼齒」的偏差心態。

搖錢雛妓二度傷

十五歲的「小芬」因父母失和，缺乏家庭溫暖，國中輟學，蹺家在外遊蕩，懵懵懂懂，遇見喜歡的男孩，就輕易和對方上床，以爲可以用肉體綁住對方。直到有天被拋棄後，才看清男孩不敢負責的真相，卻從此把性當成遊戲，在PUB遇見男孩，看對眼，兩三天就和對方上床，週而復始，最後，還到酒店坐檯，賣笑維生。

有天，她在西門町夜遊時，被警方臨檢查獲，她母親得知女兒已非完璧，氣

得半死，直罵「小芬」不要臉，還說要控告最近和女兒上床的一名少年姦淫幼女，對方家長帶著兒子到警局應訊，緊張得不得了，拿出十萬元和解，「小芬」的媽媽發現有錢賺，逼問女兒還和誰發生過關係，大言不慚地告訴少年法庭的法官「我女兒還和好幾個人上過床，請法官追查」，法官壓根沒想到，這婦人竟拿女兒當搖錢樹，只是爲了十萬元的和解金。

❖女兒賣淫失身，貪錢父母藉機向嫖客揩油

在金錢至上的台灣社會，有些家長發現女兒被姦汙或賣淫後，非但不反省自己是否疏於管教，反而藉控告和女兒發生關係的男方，索取和解金，其勢利的心態對小女孩的傷害，比姦汙她的男人更令人反感。偏偏這種家長越來越多，形成一種變態的社會現象。

爲了保護少女，刑法規定，姦淫未滿十四歲的少女，犯準強姦罪，處五年以

上有期徒刑，姦淫十四歲以上未滿十六歲的少女，觸犯姦淫幼女罪，處一年以上，七年以下有期徒刑。由於缺乏法律常識，很多少年一時衝動，在半推半就下，和未滿十六歲的少女發生關係，以為兩情相悅，何強姦之有。

等到女方家長提出控告，才覺事態嚴重，還好準強姦及姦淫幼女罪都是告訴乃論，只要女方家長同意，賠償一定的金額就可和解。一名台北市警少年隊員指出，通常這類案件的和解金約十到二十萬元，雖然不多，但對貧寒的家長卻是不小的誘惑。少數貪財的家長拿到錢，得了甜頭，會一再逼問女兒和哪些人上過床，然後要求警方傳訊對方，不管女兒自尊是否因此受損，日後行為是否收斂，只求坐享和解金，看在警方的眼裡，實在心寒。

一名台北市員警舉例，他以前在西門町抓過一名年僅十四歲的流鶯，小女孩其實是因受不了母親的虐待，才逃家賣淫維生，警方後來移送一名嫖客，對方怕吃上官司，賠了幾萬元了事。沒想到結案後，這名少女的母親又找上分局，大聲嚷嚷誰還嫖過她女兒，要這些男人一一賠錢和解。

這名員警說，女兒賣淫維生，是件多丟臉的事，做母親的，不但不思反省，挽回女兒偏差的心，還到處向人要錢，行爲其實已和老鴇無異。有這種母親，兒女哪好得起來，爲人父母者，實在要三思。

除色效應？公關伴遊行情漲

陳水扁就任台北市長後，要警方全面掃蕩色情行業，一些開在住宅區及違法從事色情交易的特種場所，不是遭斷水斷電，就是自行暫停營業。但一些合法經營的KTV、MTV絲毫不受影響，甚至生意更加興隆，尤其某些設備良好的連鎖KTV，一到週五或週末夜，更是門庭若市，要排好久的隊才能占到一個包廂。

不過，消費者最近走進某些KTV的大廳，會發現「氣氛」不太一樣。先是濃郁的外國香水味撲鼻而來，只見幾個衣著時髦的妙齡女郎端坐在大廳沙發上，

依偎在商人模樣的中年男子身邊，鶯聲燕語，狀甚親密，格外顯眼。

進入包廂後，幾個小姐圍著商人坐，又是點煙，又是敬酒，還不時摟著商人合唱情歌，唱完獻個香吻，這情景是否和酒店如出一轍？沒錯，這些女孩子既不是商人的女友或「細姨」，更不是老婆，她們只是某些「公關公司」或「傳播公司」的小姐。

到酒店找小姐坐檯陪酒，對某些男人而言如家常便飯，但對某些「生手」或特殊身分的人（如司法、警察及調查人員）而言，不是不好意思進入酒店，就是嫌不夠「安全」，易引人注意，加上酒店消費高，小姐服務太過職業化，且常轉檯，腦筋動得快的業者於是設立所謂的「公關公司」，招募一批條件優秀的年輕女子，專門陪男客外出喝酒、談生意，甚至出國旅遊，按時或按日計費，警方全面掃蕩色情，這類公關公司生意自然水漲船高。

❖找公關小姐解悶，既安全又貼心

一名公關公司的負責人表示，男人找小姐聊天喝酒，不見得就要和對方上床，有的人只是想找異性排解寂寞，或一起唱歌解悶，而公關公司的出現就是迎合這種社會需求。他說，爲了提高層次，有別於酒店小姐，他公司招募的小姐要才色兼具，不但要有模特兒的臉蛋及身材，言談舉止也不能過於俗氣，這樣才不致引起某些顧客嫌惡，賓至如歸。

雖然業者一再強調公關小姐只賣笑，不賣身，但據了解，和男客從事性交易的還是大有人在，而且這類公司大多化名「伴遊公司」，以女學生或未成年的蹺家女孩來招徠男客，她們通常是見了報紙「清純伴遊，安全，日領，學生可兼」的廣告，受了業者的誘惑，以爲只要陪客人看電影，唱個歌，不用賣身，就可輕鬆月入十萬元，不過一踏入這行，才發現全不是這麼回事。

伴遊中心掛羊頭賣狗肉，收費分兩級

以台北市刑警大隊查獲的「星情話坊」伴遊中心爲例，該中心的伴遊小姐收費以兩小時爲一節，分A、B兩級，B級每節收費兩千五百元，純粹陪客人唱歌喝酒聊天；A級收費三千五百元，可撫摸伴遊小姐的身體，不過孤男寡女出遊，還是容易出問題，有些男客見小姐姿色動人，求歡不成，乾脆強姦，台北市警少年隊查獲的「佳人有約」伴遊中心，旗下就有一名少女被男客載到郊外強暴，奪去童貞，老闆知道後，只冷冷地責怪她自己不小心。

用電話叫小姐伴遊，顧客無法事先當面挑選小姐，有些業者就把公司裝潢得像個辦公室，叫小姐排排端坐像辦公，然後由男客親自到公司挑選，中意的，就帶小姐到同一大樓的MTV，在包廂內從事猥褻行爲，方便省事，台北市警方就曾破獲好幾家這類型伴遊公司。

酒國公主，唯利是圖？

華燈初上，開車沿台北市南京東路走一遭，會發現老是有一些穿著低胸、露背迷你裙裝或開高叉旗袍的「噴火女郎」，站在路邊拜拜燒銀紙，彷彿在向路過的男人招手，喚起他們的慾望，快快停下腳步，掏出大把鈔票，進入酒店銷魂一番。

這些酒店小姐以前沒有固定的名字，但近年來社會通稱她們「公主」，她們供奉的是好色的豬八戒，每晚不厭其煩地拜豬八戒，是希望保佑客人上門，警察

不來。不過，自從台北市警方全面掃黃後，越拜警察越來，美麗的公主，身著薄衫上了電視，人人縮成一團，含羞掩面，觀眾的偷窺慾滿足了，公主的心事誰人知。

台灣的色情行業由來已久，但根據學者研究，台灣從事色情業的婦女早期可分爲兩大類，一是純「賣身」，滿足中下階層男人性需求的妓女；及專侍上流士紳、「賣笑」的藝妓。台灣光復後，因經濟突飛猛進及消費能力的提升，全台持有牌照的廉價妓女戶由三十年前的四百多間，降到約一百間，台北市的公娼戶甚至在八十六年九月全面廢除；起而代之的是如雨後春筍的酒店、舞廳、理容院等特種營業場所，預估全台至少有四萬多家。

✤賣笑兼賣身，酒店成爲台灣色情業主流

酒店結合賣笑與賣身，成爲台灣色情行業發展的主流。台北市一名資深刑警

分析，民國七十年代以前，現在的酒店多還未出現，其前身是稱爲ＣＬＵＢ的俱樂部，裡面有鋼琴伴唱的大廳及舞池，再進去是包廂，男客可叫小姐陪酒划拳，進一步帶出場上床；當時的服務生通稱「小妹」，只負責打掃房間及端毛巾茶水，不能陪侍。

民國七十四年間，台灣房地產景氣看好，帶動股市狂飆，一些獲利的建築商及股市大戶，晚上相偕到紅燈區尋歡，或到剛從日本引進的ＫＴＶ縱酒高歌，由於市場需要，結合ＫＴＶ及俱樂部的新型酒店開始上市。

公關小姐和公主，酒店小姐分兩級

在酒店服務的女孩子同樣分成兩種：「公關小姐」和客人同起同坐，陪酒划拳，如酒客出得起錢，又看順眼的，就跟對方開房間；另一類則是端茶水毛巾的小妹。由於有些小妹姿色可人，業者後來改稱她們「公主」，而且要她們穿上涼

快的制服，跪在包廂的蒲團或墊子上，依偎客人身邊倒酒划拳，通稱「窩台」，但按規定她們不能和客人平起平坐。

不過，有些男客貪圖窩台公主的美色，硬要她們坐上沙發，業者見公主行情好，自然利誘她們坐檯，演變到最後，公主的年紀越來越小，衣服越穿越少（且不准穿內衣），並由被動地讓客人吃豆腐，到主動對客人毛手毛腳，市場反應熱烈，幾個業者就以公主爲賣點，連鎖經營，知名的「一代」系列酒店就屬此集團的先鋒，其全盛時期光在台北市的分店就三十幾家，月收入上億元，可惜樹大招風，在台北市警方一波波的商業區掃黃行動中，「一代」系列全數關門，不可一世的負責人「李董」也被移送法辦。

❖公主自願下海，自認不像妓女低賤

根據社會學者黃淑玲的訪問研究指出，被警方查獲的未成年公主很多是因家庭不溫暖或充斥暴力而蹺家，又因嚮往獨立自由生活或賺大錢而「自願」下海陪酒，而且不喜歡社會把她們看得像妓女一樣下賤，如「露西」說的：「酒店就是服務業、餐飲業嘛，他們來喝酒吃東西，然後跟他們服務。所謂的服務就是幫客人倒酒啦，猜猜拳，聊聊天，沒有喝，大家都很客氣；一喝下去的話，熟了我就知道你是什麼樣人，然後就親我一下，或哪裡摸一下啦。」

黃淑玲的研究中，多數酒店公主不否認容易涉及性交易，也很討厭客人毛手毛腳，有些人是因經理施壓、需要金錢及想討好客人才出場。十六歲的「儀嬰」說：「那個時候是不好意思，每個小姐都做出場，只有我一個沒有做，經理又在那邊一直講，我不好意思就做出場。」

有的公主不聽話，會遭店方修理。南京東路一家酒店的公主曾因和經理意見不合，被對方打得遍體鱗傷，跑到路上攔警車求救，還大爆內幕，說店方勾結員警及高官。有的公主和熟客出場吃消夜，被對方設計迷姦，台北市東區某家酒店

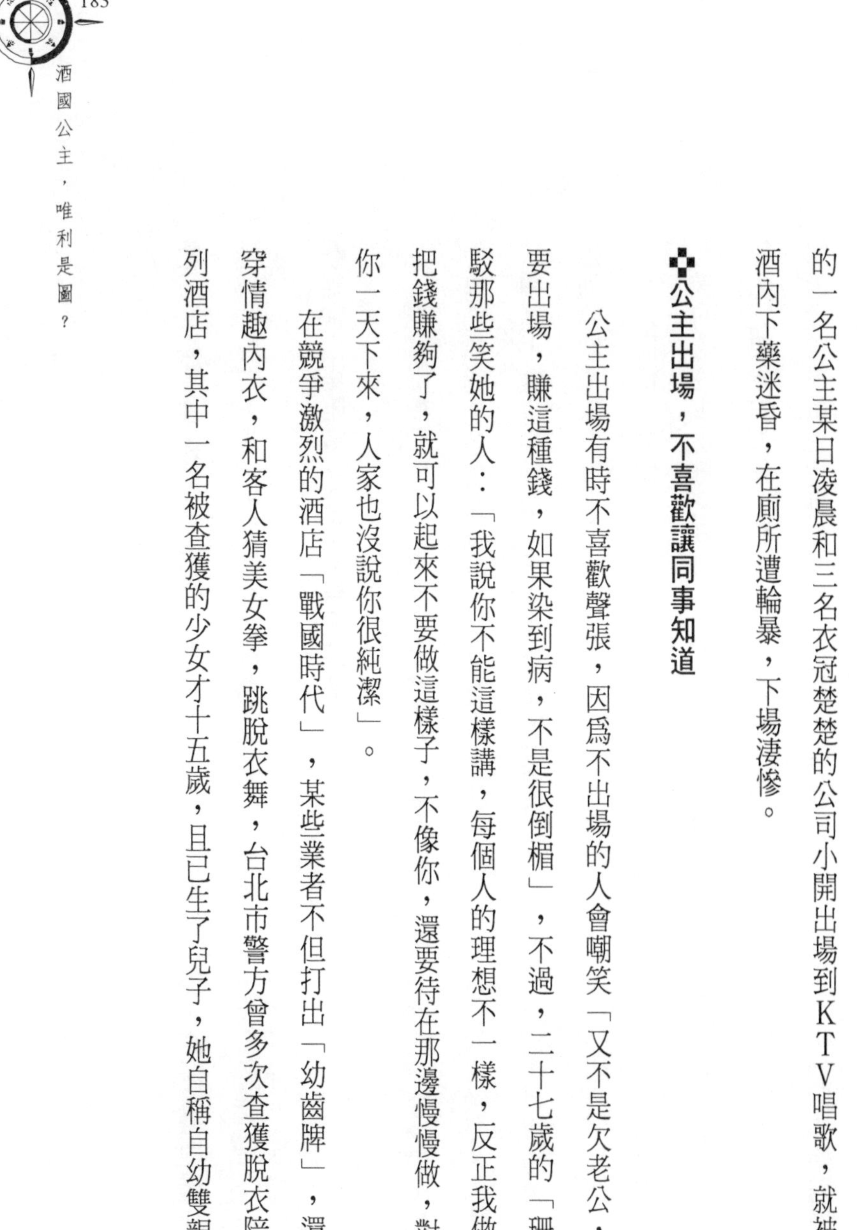

的一名公主某日凌晨和三名衣冠楚楚的公司小開出場到KTV唱歌，就被對方在酒內下藥迷昏，在廁所遭輪暴，下場淒慘。

公主出場，不喜歡讓同事知道

公主出場有時不喜歡聲張，因爲不出場的人會嘲笑「又不是欠老公，爲什麼要出場，賺這種錢，如果染到病，不是很倒楣」，不過，二十七歲的「珊卓」反駁那些笑她的人：「我說你不能這樣講，每個人的理想不一樣，反正我做外場，把錢賺夠了，就可以起來不要做這樣子，不像你，還要待在那邊慢慢做，對不對？你一天下來，人家也沒說你很純潔」。

在競爭激烈的酒店「戰國時代」，某些業者不但打出「幼齒牌」，還要她們穿情趣內衣，和客人猜美女拳，跳脫衣舞，台北市警方曾多次查獲脫衣陪酒的系列酒店，其中一名被查獲的少女才十五歲，且已生了兒子，她自稱自幼雙親離異，她歸父親監護，父親又因在工地秀安排脫衣節目被送法辦，交保後潛逃不知去向，她爲了自力更生，獨力撫養一段錯誤感情生下的骨肉，才下海陪酒賣笑。

❖經常出場陪宿，公主易得職業病

經常出場陪宿，公主易得不乾淨的「職業病」。一名台北市警少年隊員表示，他以前抓過一名少女吸毒，後來查出她在一家兼營應召的酒店坐檯，因性交易過於頻繁，她小小年紀，子宮頸道竟已遭感染性病，嚴重潰爛，日後恐會不孕，但她仍照做不誤。

長期日夜顛倒，拼酒傷身，某些公主認識有錢的小開，乾脆讓對方包養。十七歲的陳姓少女離家打工，結果瞞著父母到酒店陪酒，還讓一名中年男子包養，每天只要陪對方三小時，一週可拿到十萬元包養金，不過除了上床外，她還得和對方合拍模仿A片動作的色情照片，她見對方出手闊綽，無法抗拒金錢誘惑而答應。另一名家世很好的少女蹺家期間到酒店當公主，最後和男客同居，月入六十萬元，她後來被少年隊查獲，由父母送到日本讀書。

人小鬼大，少女媒介公主抽頭

公主人小鬼大，朋友圈一旦有人踏入這行，會拉其他人跟進，甚至媒介抽頭。八十四年間，一名十五歲的少女自組傳播公司，媒介大她兩歲的少女到酒店坐檯，從中抽頭獲利，其中一人薪水太少向她借錢，她還扣下對方身分證要其開本票，警方後來到酒店臨檢，才意外查獲。

八十六年間，桃園平鎮市還傳出多名國中女生下課後到ＫＴＶ當公主坐檯，每晚收入二千到三千元。由於太好賺，這些公主「好康逗相報」，還到學校利誘同學下海，每拉一名同學可得五千元仲介費。

「不要什麼專業知識，只要褲子敢脫就有錢可賺。」業者灌輸錯誤的拜金主

義，越來越多在學或輟學女生下海當公主，笑貧不笑娼，台北及台中市甚至還查獲年僅十二歲的國小女生也坐檯陪酒，震驚社會。前法務部長廖正豪曾在一場法治教育座談會中提到，他一個朋友曾開車擦撞到一名年輕女孩駕駛的車子，對方除了要求五千元車身損失，還附帶求償一週不能上班的損失，他朋友認爲對方不過是年輕女孩，週薪高不到哪裡去，於是隨口答應，未料她竟開價十萬元，經追問她才說是酒店公主。「酒店公主月入四、五十萬元，是我收入的好幾倍，這叫我如何服氣。」連廖正豪都不禁感慨。

在酒店當「公主」收入高，全身上下都是名牌，但社會還是無法將她們看成「良家婦女」。社會學者瞿海源等人的研究指出，酒女職業聲望是所有女性職業中最低者，加上最近警方大舉臨檢，公主媒體曝光率激增，更加重這群女孩子的自卑感及社會壓力，社會在譴責這群「拜金女孩」之際，應以更寬容的眼光看待她們，尤其這些公主的父母更是責無旁貸。

折翼墮風塵，酒女淒涼夢

沿著台北市木柵路五段往深坑方向，左轉行經福德坑垃圾掩埋場，繞著蜿蜒的山路，不久即置身蒼涼的富德公墓。放眼望去，荒煙蔓草中，成千上萬的墓碑，一個緊挨一個，猶如巨大的蜂巢。

密密麻麻的墓地中，有幾個角落專埋無名屍：投河自盡的，在山邊上吊的，或路倒的遊民，這些人生前或孤苦無依，或刻意隱姓埋名，致死後無人認領，最後由社會局花個兩、三萬元，委託葬儀業者用三夾板釘成的棺材，草草埋葬。

這兒埋了一個酒家女，她因急性腎衰竭，全身浮腫，八十四年病逝台北市中山區租處，警方訪遍她的房東、同事，甚至同居多年的昔日男友，竟無一人知其真名，只知她叫「海倫」。在風塵中打滾多年，「海倫」身後竟落得如此下場，正所謂「神女生涯本是夢」，道盡風塵女子背後的辛酸。

酒女海倫暴斃，無人知其姓名

八十四年三月，「海倫」在住處病發不治，未留任何身分證件，只留下一枚「練至君」的印章及一本曾姓女子的存摺。爲查明「海倫」的身分，中山分局刑警湯明華逐一查訪認識「海倫」的人，和她同事過的盧姓女友說，「海倫」生前不如意，換了好幾家酒店、茶室上班，長年拼酒，日夜顛倒，久爲腎疾而苦，卻又亂服成藥，才併發急病而死，令人不解的是，即使相識多年，盧女也不知「海倫」的真名。

和很多酒店小姐一樣，「海倫」遠離親友，以通俗的花名掩飾身分，隱身大都會的燈紅酒綠。雖然湯明華在「海倫」住處找到一本存摺，但開戶人是她在住處附近認識的曾姓女子，她也以曾女之名和房東租屋，但曾女和房東都不知「海倫」的真實背景。

由於「海倫」持有一枚「練至君」的印章，警方循線查出她曾以「練至君」之名在中山區一家診所看病，仍不確定這是否她本人，湯明華後來又找到「海倫」以前的酒店老闆，他還是不知道「海倫」的背景。

警方最後透過「海倫」電話通聯紀錄，找到兩名「海倫」生前先後同居多年的男友，誇張的是，同床共枕那麼久，他們至今仍不知「海倫」真名。「海倫」到底怕些什麼，要如此隱藏自己？警方懷疑她因案通緝，採她的指紋比對，她卻沒任何前科。

湯明華不死心，最後透過《聯合報》新聞協尋「海倫」的親人，她的酒店同事還將新聞影印兩百份，張貼在中山區大小酒店前。有人指稱，「海倫」來自香港，原是三重市一名黑道大哥的女人，後來逃出對方的控制，由於該大哥曾放話要找她復仇，她才刻意躲藏。因線索零碎且不完整，「海倫」身世成謎，最後以「無名屍」發葬。

❖酒家女拼酒熬夜，抱病含恨以終無人問

湯明華說，酒家女因社會地位低，大多隱瞞家人工作，寂寞地獨居在出租套房，不太和人往來；偏偏她們的工作又日夜顛倒，經常喝酒，不好好保養身體，不但容易蒼老，也易生病，若不肯求助別人，就像海倫一樣抱病含恨以終。

喝多了酒，不但傷身，也容易出意外。八十五年初，一名舞廳小姐酒醉後回租處，隨便脫了鞋，把皮包丟在地上，跑到浴室洗澡，卻疑因昏睡中嘔吐物塞住呼吸道，在浴缸內窒息而死。

情感不順，酒店小姐愛自殺

除了病死外，酒店小姐也是高自殺群，原因多半是情感不順，愛上浪蕩子或薄情的有婦之夫。以台北市中山區為例，自殺的年輕女子中，十之八九是酒店小姐，而且有些已變成「自殺狂」。曾有一名酒店小姐每次喝醉酒下班，就跑到中山分局前割腕，滴著血沿中山北路失神亂吼「男人沒一個好東西」，消防隊員要送她到馬偕醫院急救，她又不肯，讓人看了不忍。

鬱鬱寡歡，無人可解，有的風塵女子吸毒逃避現實，曾有一名酒店小姐吸安被抓，她交保後生活無援，情感又受挫，最後把自己鎖在台北市新生北路租處浴室內，燒木炭活活悶死，臨終時她身穿大紅衣服，用唇膏在梳妝鏡上寫說她死後要化為厲鬼找負心人及抓她的警察報仇，餘恨未消。

交往複雜，酒女惹來殺機

酒店小姐人際關係複雜，常因情感或財務糾紛惹來殺身之禍，且難破案。台北市長安東路八十六年底發生一起離奇袋屍案，一名酒店小姐疑遭膠帶封口殺害後，被包裹在數個大型垃圾袋內，棄屍在她住處大樓地下停車場的電機房內，直到約一個月後，台電人員通知消防隊破門查電錶時才發現，當時屍體下半身赤裸，已腐爛脫皮，看不出刀傷或槍傷，現場也無血跡，明顯遭殺人棄屍。

大樓管理員案發後說，二十多天前，大樓地下室忽然傳出臭味，他以爲是臭水溝或死貓死狗的味道，曾到地下室探查，但未發現臭味的來源。後來天氣轉熱，臭味轉濃，沿著樓梯及電梯間衝上來，甚至連九樓住戶都聞得到，經住戶反映，他曾向中山分局中山一派出報案，警員到大樓查看，仍無結果。

直到有天下午，台電人員到電機房查電錶，發現門鎖住，且傳出惡臭，立刻叫鎖匠來開門，鎖匠聞到屍臭拒絕開鎖，改請消防隊員破門而入，竟然發現地上趴著一具用塑膠袋裝著的女屍。警方勘查現場，發現兇手爲防止臭味外散，用膠帶把電機門縫封死，裡面還放了一大堆芳香劑及明星花露水，顯示兇手不但熟悉地形，且作案時間充裕，應是熟人所爲，且第一現場可能就在死者住處。

警方後來查出死者身分，發現她其實很有錢，名下有兩棟房子，但交往複雜，警方很難鎖定對象追查；湊巧的是，和她非常要好的一名酒店同事半年多前，也因故被熟人殺害分屍，未料她跟著同遭不幸。

❖酒店小姐陳屍頸繞狗繩，馬爾濟斯犬是唯一目擊者

另一件命案更離奇。袋屍案發生不久後，楊姓酒店小姐頸繞狗繩，被發現陳屍在台北市新生北路十樓住處，房門自內反鎖。警方進入現場，只看到楊女養的馬爾濟斯犬站在主人屍體上，對著警察汪汪叫，渾身散發屍臭。

檢警人員勘查現場，雖然懷疑死者可能上吊，卻找不到上吊點，唯一的可能就是吊在衣櫥門上，鑑識人員後來把整片門拆回化驗，但未發現尼龍繩索的摩擦痕或纖維；假設楊女被勒死，兇手逃出後又爲何能讓門自內反鎖？由於疑點重重，這樁命案至今撲朔迷離，可惜，唯一的「目擊狗」又不會說話。

✜跳樓壓死賣肉粽，凶宅屢傳煙花女命案

不過，對於這棟大樓住戶及其鄰居而言，讓他們最感興趣的倒不是楊女的死因，而是該大樓似乎「風水」欠佳，十年來至少有四名在特種場所上班的女住戶在裡面自殺，其中最出名的是「跳樓壓死賣肉粽的」烏龍案件，壓死人的胡姓女主角湊巧和楊女一樣都住十樓。

民國七十五年三月五日凌晨，胡姓女子和未婚夫吵架，寫下遺書後爬到十三樓頂一躍而下，賣肉粽的黃姓男子當時正巧經過樓前，被跳樓的胡女一頭撞倒，

結果鬧自殺的胡女只雙腳受傷，賣肉粽的卻傷重不治。案發後胡女因跳樓前「能注意而不注意」，被依過失致死罪嫌判刑。

據一名住過該大樓十年的住戶透露，此後十年，這棟大樓一直「不平靜」，又先後有兩名女住戶自殺身亡，如果連楊姓酒店小姐算在內，大樓至少已鬧了四件命案，事隔多年，這段「秘辛」已鮮有人知，但附近的老鄰居仍歷歷在目。

這棟大樓風水出了什麼問題，恐怕沒啥人知道，但幾名女住戶在這兒自殺，倒是不爭的事實。不過當地一名派出所員警表示，一再重複發生命案的「兇宅」其實不見得和風水有關，以這棟出租套房大樓爲例，它毗鄰林森北路一帶的特種營業區，不少承租戶是酒店及舞廳小姐，她們原本就是自殺或他殺率較高的族群，中山區很多大樓都發生過類似命案，只是楊女住的大樓湊巧多了一點。

湯明華說，台灣越來越拜金，很多在學或剛畢業的少女看上酒店公主收入高，紛紛下海坐檯淘金，自以爲趁年輕撈個兩、三年就可「從良」，但俗話說，「由

奢返儉難」，一旦習慣月入一、二十萬元的收入，要再到工廠或速食店打工，過月入兩三萬元的日子，談何容易？想當公主的少女們，不要一心向「錢」看，也要向「前」看，爲長久的未來打算。

地圖五
性愛異形篇

A片氾濫，少年變狼

台北市光華商場地下一樓原本只賣舊書，但近年來開了好幾家暗藏春色的錄影帶及光碟專賣店。每逢例假日，一走進商場，這些店總是擠滿青少年。他們的表情都怪怪的，帶點渴望，有點靦腆，畏畏縮縮，生怕被熟人認出。

他們來這兒買A片。擺在架上的光碟，封面大多是輕解羅衫的日本美女，露骨一點的，就是擺出各種性姿勢的赤裸男女，甚至各種性變態的畫面，懵懵懂懂的青少年，光看封面就夠臉紅心跳，看了內容，更不在話下。

但青少年看多了A片，容易發展出偏差的性態度，甚至走極端和暴力結合，集體爲害社會，竹東接連發生的兩件青少年集體虐殺案就是最好的例子。

缺乏性教育，A片成爲青少年教材

青少年對性一知半解，亟欲一探究竟，但台灣中學早期根本沒有所謂性教育，青少年只能從非法管道取得性知識。起初，頂多是看看發行量很少的地下黃色書刊，錄影帶普及後，業者紛紛盜錄歐美及日本的A片上架出租，青少年接觸A片的機會增多，片中充斥的性變態、性暴力場面，也開始扭曲他們的身心。

第四台正式開放，A片更堂而皇之在有線電視播映，對青少年的戕害更加嚴重。直到電腦光碟及網路普及後，青少年看A片的「隱匿性」增加，一個人躲在房內偷偷欣賞，一發現家長進門，只要按個鍵切轉畫面，就可矇混過關，不懂電腦的家長說不定還會誇讚小孩認真在打電腦。

❖媒體充斥性畫面，童年提前消逝

美國學者波斯曼（Postman）在其名著《童年的消逝》中指出，傳播媒體的普及與尺度的開放，使得兒童能輕易學到以往被視爲禁忌的性知識，性從此由過去陰暗、神秘的大人行爲，轉化成一種不分大小、到處買得到的商品，天真無邪的兒童已漸漸消失。

波斯曼分析，色情媒體過於氾濫，讓少年提前早熟，性行爲日益頻繁，性犯罪的年齡層，也開始降低。一九八一年，美國一名七歲女童遭輪暴，嫌犯竟然是四名十三歲以下的兒童，而且最小的才九歲。

❖都是A片惹的禍，少年輪暴亂倫眞荒唐

台灣也漸漸步上美國的後塵。八十三年間，九名台北市的國中生輪暴一名同

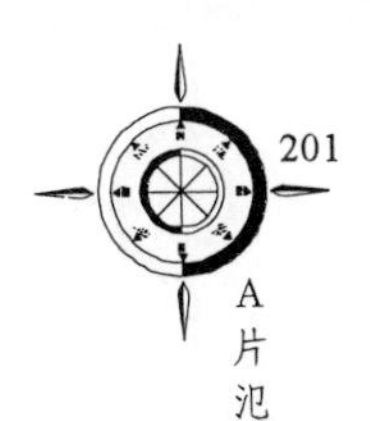

校女生，其中一名涉嫌少年家裡開漫畫店，且有多次強暴前科，他供稱因受了色情漫畫影響才強暴；其他人也供稱看了太多第四台A片，一時「受不了」才幹糊塗事。

台東縣一名九歲男童更誇張，他涉嫌連續三次猥褻兩名同齡的女學童，八十七年初他被傳喚到案時表示，他是趁父母上山工作不在家，躲在家中觀看色情錄影帶後，在家裡和國小教室和兩女童依錄影帶的動作玩「禁忌的遊戲」。

八十四年桃園發生更荒謬的姐弟亂倫案，一名國中男生因經常和大他兩歲的姐姐看A片，在好奇心的驅使下，要求「試一下」，竟趁父母不在家，和姐姐關在房內模仿在A片看到的性行為。

遭受性暴力的女孩如果年紀很小，有時會嚴重影響其身心發展。台北市文山區鄧姓國二男生到鄰家檳榔攤玩時，趁老闆娘出外時強暴對方五歲的女兒，小女孩被玷汙後心靈嚴重受創，不但仇視男生，洗澡、上廁所時拒不脫褲，每天要包

尿片。鄧被警方逮捕後供稱，他因常到同學家偷看色情刊物及A片，對性非常好奇，才和另一國中的陳姓輟學生臨時起意施暴。

少女性態度開放令人咋舌

不只男孩子，有些少女性態度之開放，令人咋舌。民國八十三年，幾名在台北市少年隊接受輔導的少女聊天時，比誰和最多男人上過床，其中一人竟說「你們算老幾，我和老師上過床」，警方追查，後來發現少女的體育老師果真誘姦，將他移送法辦，轟動一時。

還有一名女孩因爲性關係太複雜被送進少年隊，結果出去後仍不斷和新男友上床，問及原因，她竟說「晚上不抱男人睡覺會睡不著」，新新人類不顧後果的性觀念，大人果真難以理解。

新新人類集體性虐待，花樣多又殘忍

新新人類施虐的手段也越來越厲害。八十四年初，台北市兩名蹺家的國中女生相偕下海賣淫，不但曾同時和一名男客上床，還動輒向周姓女同學恐嚇取財，周女交不出錢，就把周女押起來，脫光對方的衣服，予以綑綁痛打，再模仿電影學來的手段，用鹽水澆被害者傷口，用筷子戳下體，極盡虐待，最後還強逼周女賣淫，由應召站老闆先「驗身」猥褻周女。

少年集體施虐的性暴力更讓大人心寒。八十六年十月，竹東徐姓少年懷疑離家輟學的錢姓賽夏族少女偷他東西，涉嫌夥同十三名青少年，將錢女囚禁在他家，並施以電擊、火烤、灌水、輪暴等酷刑凌虐致死，再合力埋屍滅跡。徐被捕後，神色自若，不時出現笑容，警察罵他不知廉恥，他答說「有那麼嚴重嗎」，還稱「現在不笑，以後哪有機會笑，不如趁現在有機會笑的時候多笑」。

警察問及，當錢姓少女被他們打得快死掉時，爲何不送她就醫，徐竟說「人死了就死了，幹麼送醫」，令在場員警氣結；被問及從哪兒學來這麼殘忍的手法，有的說電影學來的，有的則稱自創。由於這群青少年犯案手法凶殘，泯滅人性，檢察官爲此請法官從重量刑。

傳播科技普及，使得現在的小孩子越來越早熟，有的法律學者建議，定義「少年」的年齡上限該往下降，刑罰也要跟著加重。去年八月，南投十七歲曾姓少年強暴路過的婦人，由於曾也有過強暴前科，卻因和解再犯，有恃無恐，法官不再姑息，速審速結判刑八年；八十六年底，四名少年因連續強暴國中女生，致對方輟學甚至幾度尋短，法官最後判四人十七年到最重的廿年有期徒刑，創下紀錄。

性變態種類知多少？

性是人類與生俱來的本能，過度壓抑或錯誤啓蒙，都會使性衝動變成一把帶雙面刃的尖刀，導致種種性變態的行爲，傷人傷己，較嚴重的患者甚至藉殺害特定對象來滿足性衝動，這類通稱爲「狼」的殺人狂犯案時，有時還會出現割喉、開膛、剝皮等刀割癖好，手段毒辣駭人。

一個人在心理發展過程中，受到環境或周遭親友的不良影響，使其滿足性慾的行爲異於常人，稱爲「性慾倒錯」，社會上通稱「性變態」，其表現方式千奇

百怪，《金賽性學報告書》中歸納爲犧牲型、掠奪型、商業型、戀物型、挑選型及引誘型六類性變態。

犧牲型性變態：虐待狂、被虐狂、災難癖、色情謀殺癖

所謂的「犧牲型」性變態，指個人或伴侶雙方要藉受「處罰」來體驗強烈的性慾，最常見的是「虐待狂」及「被虐狂」。從心理學的角度來看，性和面臨暴力與死亡的恐懼，都會讓人情緒騷動，肌肉緊張，心跳加快。個人一旦曾從施暴異性得到快感，會孕育出日後的性虐待人格，這類人通常要咒罵、綑綁或毒打性對象才能得到快感。

台中市某公立醫院曾受理一個性虐待的案例，一名混跡黑道的丈夫經常在行房時把太太揍得鼻青臉腫，太太每天還是高高興興的，家人不明就裡向警方報案，反被太太責怪，原來她有被虐狂，和丈夫堪稱「天作之合」。

被虐狂的成因，個中機轉非常玄妙。一名男子國中時發生車禍骨折，醫師沒幫他上麻藥就治療，他痛得要命，護士抱著他的頭給予溫柔撫慰，從此他即沈溺在那種又痛又甜的快感中，致長大後如性伴侶不虐待他就無法高潮。

有些人要自意外或災禍中獲得興奮，稱爲「災難癖」，最常見的病患是一面縱火一面自慰；有的患了「刀割癖」，專用利刃或銳器狙擊女性的頸、背、腰、臀等部位，民國七十年間發生的「竹南之狼」、「木柵之狼」及八十五年的板橋「割喉之狼」都屬此類；最嚴重的叫「色情謀殺癖」，要不斷殺害陌生人才能滿足性慾，德國男子柯登自一八九九年到一九三〇年共姦殺十五名女子，算是殺人狂中的狠角色。

❖掠奪型性變態

這類患者只有在性愛或事物是搶來、偷來的才能感受性慾，因此常犯下強暴、偷竊或綁架案。一九九三年，因順手牽羊被捕的英國婦人朱莉在法庭聲稱，她第一次被捕時在警車後座得到性高潮，從此一有機會就到商店偷竊，樂此不疲。

強暴犯除因性變態，有時還夾雜生理疾病。八十四年間台北市出現「華崗之狼」，多名文化大學女生遭強暴，一名陽明大學女副教授也遭猥褻，警方後來逮捕一名就讀大學體育系的嫌犯，對方自稱性慾異常強烈，經常一天自慰三、四次外加跑五千公尺仍無法控制性衝動，才不斷強暴二、三十名婦女。

商業型性變態

有的人只在性伴侶是「邪惡」的妓女才能達到高潮。不過這類人不見得會真的買春，也可以假裝性伴侶是妓女，或打色情電話將對方想成妓女就才能感到興奮。大家常開玩笑，男人總希望「老婆在外面是好女人，在床上是壞女人」，或許有些男人嫌老婆在床上不夠「壞」，才真的找壞女人買春。

此外，也有患者從小被當妓女的母親拋棄，在戀母情結的作祟下，由愛生恨，長大後藉嫖妓發洩對母親的恨意。

❖戀物型性變態：戀物癖、易裝癖、嗜尿癖、嗜糞癖

在性行爲中，某種物品對個人而言，象徵具有神奇催情效果的「神物」，只要看到、聞到、摸到就能達到性高潮，稱爲「戀物癖」，在台灣最常見的是偷竊女用胸罩、內衣褲或褲襪，這類男患者疑因不敢或無法接近愛慕的對象，才偷竊女性貼身衣物撫摸自身，或穿戴在身上滿足親近對方的幻想，他們偷竊時常手腳顫抖，全身冒冷汗，回家後面對偷來的褻衣，在恐懼與羞恥的複雜情緒中達到高潮。

台北市警文山二分局警網有次經過辛亥路時攔檢一名男子，發現對方胸部「脹」得有點離譜，經查他竟然穿胸罩及女用內褲，手提袋內還有好幾件，都是

他沿路自民宅陽台曬衣架偷來的贓物。為了滿足某些男人的戀物癖，台灣甚至有大學女生在網路公開販售用過的內褲讓人收集，台中甚至有些女孩在PUB的廁所內就脫內褲賣人。

只有穿女裝才能興奮的男人患的是「易裝癖」，他們不是同性戀，性伴侶也視其為男人，但他們在作愛時偏偏要穿女性內衣才容易興奮，曾有一名卅多歲的工程師喜歡在晚上扮女人出去逛街，還要求扮女裝和太太行房。

易裝癖的成因至今仍無定論，臨床經驗上，有的是為了排解男性角色在社會上的心理壓力，有的是因內向害羞或社交技巧不好，在慾求不滿的情況下扮女裝。八十七年三月，擁有美國普林斯頓大學博士學歷的一名台積電工程師扮女裝混進三溫暖洗澡被抓，他供稱因多年前看了電影「窈窕淑男」才不可自拔迷戀男扮女裝，藉此排解壓力。雖然美國容忍易裝癖，甚至還有同好組織及雜誌，但究竟不見容於台灣，該工程師交保後立刻主動辭職，令人惋惜。

某些戀物癖者迷上的是糞和尿，很倒人胃口。台北地方法院曾審理一件強姦案，王姓男子假裝談生意，誘騙張姓女業務員到賓館，結果意圖強姦，對方以月事來潮拒絕，王竟要張女倒可樂在其身上舔食，又強迫張女尿尿及大便在他身上讓他舔食，變態之至。

挑選型性變態：戀童癖、戀獸癖、戀屍癖

「挑選型」性變態指的是一再重複挑選性伴侶，一旦伴侶被社會規範接受，就重新找尋對象以符合其特殊標準，最常見的是「戀童癖」，這類患者可能自幼被性虐待，或自覺性能力不足，恐遭性交對象拒絕，引誘無知或智障幼童猥褻強姦。三、四年前，台北市一名開設玩具模型店，兼在家中開班教授國小學童美術的男子，平日很得孩子緣，也常到國小當交通導護義工，竟被發現猥褻班上女童，經警方移送法辦後最後羞辱自殺。

有的性變態患者是「戀獸癖」，找動物下手，這類情節不只在A片才看得到，現實生活中也有案例。八十二年間，嘉義市一處孔雀園的飼主發現孔雀「尾椎」部分的細毛不正常脫落，於是加強夜間巡邏，查出詹姓鄰居竟是始作俑者，原來詹愛上羽毛鮮艷的孔雀，進而想與之燕好，於是深夜連續破壞孔雀園門，把孔雀抱到偏僻田野「猥褻」後再放回園裡。最恐怖的挑選型性變態是「戀屍癖」，要殺死女人後才姦屍。

❖引誘型性變態：暴露狂、偷窺狂、摩擦癖、色情對話狂、色情圖書狂

對有些人而言，性交前的某些儀式動作成爲「前戲」，可引誘其達到高潮。最常見的是「暴露狂」，這類人疑因自覺性能力不足，對性器官沒有自信，要藉在公共場所向異性或兒童暴露生殖器，引起旁觀者驚愕，再回家自慰或和伴侶做愛。看到暴露狂要視若無睹，越驚嚇他越過癮。

另一類「偷窺狂」則因過分羞怯或壓抑，對性心存忌諱，才藉偷窺別人下體、洗澡、如廁及性交行為滿足性慾，甚至還暗中用V8攝影機拍攝，回家反覆觀看。三年前，一名上班族逛台北市東區一家書局時，被當場發現用V8偷拍女客的「裙下風光」；八十四年間，立法院更傳出某學者立委在皮鞋上貼鏡片偷窺女職員上廁所，轟動一時。

八十六年初，三名政大女生在租處浴室赫然發現電眼，經查是房東的傑作，連線到客廳的電視螢幕窺伺女學生入浴春光，房東偵訊時辯稱為了監視房客用水情形才裝電眼，最後被判賠數十萬元精神賠償金。近一年來，台灣的偷窺風大行其道，歹徒到處在賓館、公廁及百貨公司試衣間裝針孔攝影機偷拍翻製成錄影帶出售，甚至藉以向男女主角恐嚇勒索。

台灣還常抓到「摩擦癖」，他們只有在擁擠的車上或場所摩擦陌生女子才能興奮，曾有一名社會地位良好的中年男子和太太關係良好，每週總有兩次故意搭公車緊跟在年輕迷人的小姐背後用下體摩擦對方，邊幻想直到射精。

至於「色情對話狂」只能從色情對話中得到興奮，十年前，美國華盛頓大學校長被發現有打猥褻電話的習慣，他被捕後接受精神治療，說出幼時曾遭母親性虐待，長大後才藉打色情電話騷擾別的婦女向母親報復；「色情圖書狂」或「色情錄影帶狂」只藉色情書刊或影片才能達到高潮。

黃色恐怖

遙想中、小學時代，每個人班上總會出一兩名調皮的男學生，老喜歡自背後偷掀女同學的裙子；不然就是在鞋頭黏鏡片，或在低階樓梯放鏡子窺伺女同學甚至女老師的裙下風光。小孩子對性懵懵懂懂，出現偷窺行爲不足爲奇，但若長大後還無法自拔沈溺其中，可就有病了。

奇怪的是，雖然現代人越來越重視隱私，偷窺狂不減反增，且不分老少、職業及教育程度，近來更成爲一種商業行爲，有人專門錄製養眼的偷窺錄影帶販賣，讓某些「癮君子」不出門就能滿足偷窺慾。尤其置身台北市等都會區，一不小心就可能被偷窺，甚至成爲A片女主角。如何躲避「第三隻眼」造成的「黃色恐怖」，現代女性不可不知。

❖壓抑孩童性衝動，轉化成偷窺狂

心理學家分析，人類從兩三歲開始對性好奇，不但愛玩弄自己的性器官，也喜歡看異性的身體，尤其對父母關在房內做的「那檔事」更是好奇，此乃生理發展的必經過程，但孩童若生長在性封閉的家庭，父母動輒用打罵壓抑孩童的原始衝動，會使小孩產生「恐懼被閹割」的心理，進而轉化成偷窺狂。

❖偷窺癖屬於引誘型性慾倒錯

偷窺癖和色情圖書狂、色情對話狂、暴露狂都屬於「引誘型」性慾倒錯，這

類患者在從事性行爲之前，通常要藉某種儀式行爲（如偷窺、看色情書刊、打色情電話）的引誘才能獲得性興奮。所謂的偷窺癖，意指凡是一再藉由偷窺不知情人士裸身、脫衣或性交過程，以滿足強烈性衝動或性幻想，且這種偷窺行爲持續半年以上，並明顯爲之所苦者，稱爲偷窺狂。

偷窺狂的英文名稱叫「PEEPING TOM」，源自十一世紀有位名叫TOM的裁縫師，他無意間偷看到伯爵夫人裸身騎馬而出，從此TOM這個名字就和偷窺者畫上等號。

偷窺常源自幼時偷看父母做愛

根據臨床經驗，偷窺狂的第一次經驗常在十八歲以前，且小時候曾假裝睡覺偷看父母做愛，有了第一次性興奮的經驗後，開始「期待」父母下一次辦事的來臨，甚至和女同學或姐妹模仿父母親的動作。偷窺行爲在青春期因男性荷爾蒙急

速分泌，達到最高峰，他們最常偷窺的是年輕異性的裸體，如上廁所、洗澡或從事性行爲，偷窺對象會從親友鄰居擴展爲陌生人，往往一次比一次刺激才能達到興奮。

常見偷窺之道一：居下瞄空

要防止偷窺，得先弄清楚偷窺之道。最傳統且最簡單的方法是「居下瞄空」，例如趁短裙美女走上天橋、爬樓梯或搭電扶梯時，駐足梯底仰望。八十三年台北市長選舉時，國民黨候選人黃大洲鑑於婦女行走天橋易被偷窺，曾主張將台北市所有天橋改爲封閉式欄杆，可惜遭婦女團體反對，因爲「女性要受尊重，也要自由」。這好比爲了防止強暴，叫女性深夜不外出、穿著不能暴露一樣，即使女性再怎麼自制，空間再怎麼封閉，若男性不能平等尊重女性，性侵害事件永遠存在。

✤常見偷窺之道二：居高俯瞰

另一種的方法是「居高俯瞰」，例如躲進女公廁，爬到門上偷窺隔間的女性如廁。八十一年麥當勞廁所爆炸案後，速食店的廁所每次傳來異響都會惹來一場虛驚，有天，台北一家肯德基炸雞店的廁所內一聲重物落地悶響，店員大爲緊張，小心翼翼推開門一看，只見一男子躺在女廁地板上，痛得起不了身，原來他老兄爲了偷看女客如廁，由男廁天花板爬到女廁上方偷窺，他被捕前已看了十多個女人上廁所，後來因爲「想看清楚一點」移動位置，怎知跌落曝光。

八十四年五月，一群女大學生到錢櫃ＫＴＶ唱歌，其中一人上廁所時抬頭一看，隔壁間一雙眼睛和她對望，她立刻抓住偷窺的男子，要求店方處理，但店方以男客已結帳無權留下爲由，讓他揚長而去，女學生後來召開記者會譴責店方漠視偷窺行爲，店方負責人才具名道歉，保證加強女廁安全。

✤持鏡反射也常被偷窺狂沿用

小孩子常用的「持鏡反射」也常被偷窺狂沿用。八十四年七月，一名立法院諮詢中心女職員如廁時，突然發現隔壁廁所內有一雙男皮鞋，上面還黏著一面鏡子，她隨即找了女同事及警衛到場處理，在女廁發現某立委，該立委當時辯稱因肚子痛且男廁有人才到女廁「應急」，絕未偷窺女職員寬衣解帶，此事後來查無實證，但已影響該立委形象。

除了鏡子，高倍望遠鏡或夜視鏡也是偷窺狂必備工具，尤其在單身女子套房浴室或夫妻臥室窗口對面公寓頂樓，是望遠鏡偷窺族最常出沒之地；此外，海水浴場、游泳池更衣間、郊區及公園也是危險區，有的偷窺狂怕被發現，還會像忍者般，戴黑面罩、穿黑衣黑褲作爲掩護。

✤用V8攝影機偷窺，易發生在公共場所

V8攝影機是更先進的偷窺工具。V8偷窺族有的選在公廁犯案，將鏡頭自上或由下伸進廁所「觀光」，台灣師範大學以前就抓過一名這類偷窺族；有的偷窺族更大膽，將V8放進旅行袋，鏡頭伸出袋外，進入擁擠的公共場所，把袋子放在地上偷拍女客的裙下風光，台北市東區的新學友書店就發生過類似案例。

✤針孔攝影機，被偷窺不知情

最惡劣的偷窺族，莫過於結合賓館業者，用「無孔不入」的迷你針孔攝影機偷拍幽會情侶的床戲，製成錄影帶販售圖利，近一兩年來，各地警方破獲多起這類犯罪集團，很多情侶成爲A片主角而不知，甚至有人買了偷窺錄影帶後發現男主角是大學同學而向警方報案；外傳某位電視名主播和環球中姐偷情的畫面也被

拍成錄影帶熱賣；更缺德的是，連台北火車站及百貨公司的公廁、試衣間也屢遭偷窺業者侵犯，搞得台北市婦女人人自危。

公廁是偷窺重鎮

若以地點分，公廁最危險，多數偷窺的方法都可在公廁進行。八十二年間，一名偷窺狂以台北市永琦東急百貨女廁爲據點，趁打烊前潛入女廁將門反鎖，然後苦守到隔天中午開店後才偷窺，他這種行爲持續一年，可謂閱「女」無數。後來永琦百貨歇業，他轉移到東區的巴而可服飾店偷窺，可惜沒幾天就被抓。

單身公寓女子，小心成爲銀色獵物

租屋而居的單身女子也要小心成爲房東的「銀色獵物」。八十六年三月，六名政大女生發現租處浴室「春光外洩」，天花板的抽風機被樓下男房東裝設隱藏式電眼偷窺女生沐浴。管區指南派出所獲報，馬上會同政大教官前往現場視察，發現浴室電眼通到房東屋內的監視器，但房東卻狡辯裝電眼是要監視房客的用水情形，警方後來雖然依妨害風化、妨害自由罪嫌將房東移送，但檢察官以依法無據不起訴；不過六名被害者後來提出民事訴訟，法官判房東賠每人十萬元精神損失。

警方表示，房東在房客浴室裝電眼偷窺的行爲雖然惡劣，但除非他將偷窺畫面攝錄製成圖書、錄影帶散布、販賣或公然陳列，否則無法依刑法妨害風化罪嫌究辦，只能引用社維法第八十三條第一款：「故意窺視他人臥室、浴室、廁所、更衣室，足以妨害其隱私者」，處新台幣六千元以下罰鍰。

✤公園陰暗處，情侶小心第三者

若在郊外偷窺，就台北市而言，以國父紀念館、中正紀念堂、青年公園、二

二八公園及陽明山等情侶約會的陰暗處最常見，這類偷窺族通常只敢「遠觀而不敢褻玩」，例如台北市外雙溪一帶，經常有「車床族」情侶在車內親熱，很多好色之徒專門躲在車旁窺伺。有的偷窺族情不自禁，也會伸出「第三隻手」攪局，甚至把女方忘我丟在一旁的內衣偷走，國父紀念館就發生過這麼誇張的案例。

◆偷窺狂背景：內向、不善和異性相處

分析偷窺狂的背景，他們通常比一般人內向，不善和異性相處，有的外表看起來很斯文，教育程度高。八十六年三月間，一對來自南部的情侶到木柵貓空喝茶，女方後來內急上廁所，赫然發現廁所木門底下空隙伸進一個V8鏡頭，她失聲尖叫，男友和老闆聞聲趕到，一把糾住持V8偷拍女廁風光的這名偷窺客，結果他竟是政大畢業的高材生，任職規模不小的貿易公司。

八十四年間，一對情侶在國父紀念館內暗處忘情愛撫時，一名躲在旁邊的偷

窺狂突然失控伸手猥褻女方，後來被發現遭信義分局逮捕，誰知嫌犯竟是個開店執業的牙醫師，跌破警察的眼鏡；此外，信義分局還碰過一個花瓶商，他從國中時代就開始到國父紀念館偷窺情侶，即使已成家立業，還是難改舊習，偶爾要到國父紀念館偷窺，心裡才會舒服點。

❖偷窺狂都是男人？

就性別而言，偷窺狂幾乎都是男人？女性學者何春蕤在《豪爽女人》一書中，提出「看與被看的身體情慾賺賠邏輯」作爲回答，其要點如下：一、不管偷窺的是男是女，值得被看的永遠是女體；二、女體值得看的只有那三點，尤其以最後一點最難得；三、男人看到女體是賺的，如果自己的身體被女人看到也是賺的；四、女人的身體被看到是賠，如果看到男人的身體也是賠。

在「寧賺不賠」的前提下，男人若有機會就會盡力偷看；而深受壓抑的女人對性有深沈的恐懼與羞恥感，就算有男體在前，也會閉眼不看，因此，就有些男人非要女人看，非要女人驚惶尖叫不可，這正是暴露狂的快感來源。

偷窺狂不容易根治

偷窺狂要如何治療？臨床上，偷窺狂自得其樂，不會傷害他人，但他們通常視性交爲罪惡或不潔，對性有強烈的道德壓抑，治療上，應先讓病患接受自己的偷窺行爲，然後縮小其偷窺範圍或對象，以減輕他對偷窺及性的罪惡感，進而改變偷窺習慣。消極一點的方法，則可注射抗雄性激素藥劑，抑制患者的性衝動。

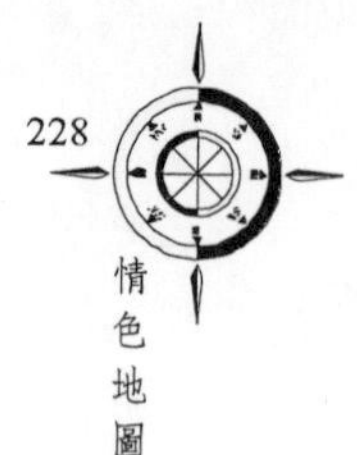

現代版
逐臭之夫

去年底，曾留學國外的李姓高級女業務員接到王姓男客戶電話，雙方約在台北市一家西餐廳見面談生意，但未談成，王後來佯稱頭痛，要李女陪往一家飯店休息，李女急欲談成生意，遂共往。

一進房，王立刻反鎖門，涉嫌意欲強暴李女，李女以月事來潮爲由拒絕，誰知王是個「逐臭之夫」，患有「嗜糞、嗜尿型」性變態，命李女脫去衣褲，將自己的排泄物混在可樂中倒在李女身上舔食，也要求李女把排泄物倒在他身上讓他

吃，李女極端反感，加上沒有進食，「嗯」不出來，只排出尿及經血，並被迫和王從事猥褻行爲，最後趁王滿足癱在床上，逃離向中山分局報案。

王審訊時向法官供稱，李女與他到賓館約會，應可預期雙方發生性關係，若他果真如此變態，豈可能輕易放過張女。不過法官採用中山分局刑警林錦河的證詞，林案發後勘查現場，發現床上到處是血水，味道刺鼻難聞，可知應有尿液摻雜在內，張女若非受脅迫，不可能願意配合，因此被告明顯觸犯強制罪，判刑四個月，得易科罰金；至於強姦部分，雙方後來和解。

嗜糞嗜尿症者：性變態驚世駭俗

林錦河說，當初他勘查現場、訪問被害者後，覺得太不可思議，中國人雖然什麼都吃，沒想到竟有人這麼變態，要聞到甚至吃到女人的分泌物及排泄物才能達到性高潮，以往他雖然曾聽說某些A片有如此變態的情節，直到他自己處理過

那件案子才見識到我們的社會真有「嗜糞、嗜尿症」者，而且不只一人。

逐臭之夫將排洩物當成神物

幼兒因不懂事，排便後常會像某些動物一樣，好奇地觸摸自己的排洩物，甚至拿起來聞一聞嚐一嚐，但經過教育大多不會再犯。但根據《金賽性學報告》的分析，基於幼年特殊的經驗，某些「戀物型」的性變態患者，把人體的分泌物（包括經血、尿液及糞便）當成具有魔力的「神物」，就像男人看到女人的胸部會感到興奮一樣，這些性變態者只有看到或接觸到自己和女伴的排洩物才能興奮，其理由非一般人能解。

高級知識份子也嗜糞

舉一個更極端的例子，有一名已婚生子、在某知名學術單位上班的男子常光顧台北市一家色情三溫暖，他每次一來，老闆就頭痛，因爲他老是要店裡弄兩片土司給他，老闆起初以爲對方是肚子餓，沒想到拿到土司後，這位道貌岸然的知識份子竟然叫色情按摩女「嗯」出「黃金」夾在土司內給他吃，然後一邊「辦事」，小姐無不嚇得花容失色。

✤日本人開了米田共鐵板燒

台北市東區一家色情賓館也發生過類似的情況，有次賓館來了一名男客，要女服務生幫忙叫一名應召女，誰知辦事辦到一半，應召女突然尖叫衝出房間，因爲男客要她「嗯嗯」給他吃，變態至極。不只台灣，最近聽說日本開了一家鐵板燒店，它賣的是不是肉，而是「米田共」，偏偏有人光顧，世界真是無奇不有。

情色地圖 FAX 系列-1

作　　者 / 張錦弘
出 版 者 / 生智文化事業有限公司
發 行 人 / 林新倫
總 編 輯 / 孟　樊
執行編輯 / 閻富萍
校　　對 / 晏華璞、張錦弘、劉文琦
登 記 證 / 局版北市業字第 677 號
地　　址 / 台北市文山區溪洲街 67 號地下樓
電　　話 / （02）2366-0309　2366-0313
傳　　真 / （02）2366-0310
E-mail / ufx0309@ms13.hinet.net
郵撥帳號 / 1453497-6
法律顧問 / 北辰著作權事務所 蕭雄淋律師
印　　刷 / 科樂印刷事業股份有限公司
ISBN / 957-8637-77-2
初版一刷 / 1999 年 1 月
定　　價 / 新台幣 180 元

北區總經銷 / 揚智文化事業股份有限公司
地　　址 / 台北市新生南路三段 88 號 5 樓之 6
電　　話 / （02）2366-0309　2366-0313
傳　　真 / （02）2366-0310
南區總經銷 / 昱泓圖書有限公司
地　　址 / 嘉義市通化四街 45 號
電　　話 / （05）231-1949　231-1572
傳　　真 / （05）231-1002

國家圖書館出版品預行編目資料

情色地圖 / 張錦弘著. -- 初版. --臺北市：
生智, 1998〔民 87〕
面； 公分. -- (Fax 系列 ; 1)

ISBN 957-8637-77-2 (平裝)

1.性

544.7 87015696